세상에
 대하여
우리가 더
잘 알아야 할
 교양

지은이 루스 윌슨(Ruth Wilson)
루스 윌슨은 난민과 관련한 여러 가지 주제를 전문적으로 연구하는 연구원이자 작가입니다. 난민 위원회에서 연구원으로 일하면서 난민 정착 프로젝트를 추진했으며, 다른 난민 단체에서도 활동했습니다. 그 경험을 바탕으로 이 책을 썼답니다. 그밖에 쓴 책으로는 《분노의 선물 The gift of anger》이 있습니다.

옮긴이 전국사회교사모임
1989년 출범한 전국사회교사모임은, 학교 현장과의 밀착성을 바탕으로 지금 우리 교실에 꼭 필요하고 적합한 민주시민교육을 위해 끊임없이 노력해 왔습니다. 사회 교사로서 현실적이고 전문적인 감각을 갖추기 위해 정치·경제·법·문화 등의 책들을 함께 공부하고, 해당 분야의 전문가를 초청해 강연회를 열고 있습니다. 이를 바탕으로 다양한 수업자료를 개발해 보급하고 있습니다. 또한, 더 많은 선생님과 연구 성과와 문제의식을 공유하기 위해 교사 연수를 개최하고, 그 성과물을 함께 나누는 운동을 지속적으로 펼치고 있습니다.

김준휘(저동고등학교 교사)
박재열(중산고등학교 교사)
장경주(시흥중학교 교사)
김상희(도봉중학교 교사)
공동 번역: 김대권(아시아의 친구들 전 사무국장)

감수 설동훈
서울대학교 사회학과에서 박사학위를 받고, 미국으로 건너가 듀크대학교 인구학연구센터에서 박사후연수를 받았습니다. 한국으로 돌아와 서울대, 경희대, 동국대, 한양대 등 여러 대학에서 강의하였으며, 현재는 전북대학교 사회학과 교수로 있습니다. 저서로는 《노동력의 국제이동》《외국인노동자와 한국사회》 등이 있으며, 〈외국인노동자와 인권: '국가의 주권'과 '국민의 기본권' 및 '인간의 기본권'의 상충요소 검토〉〈국제노동력이동과 외국인노동자의 시민권에 대한 연구: 한국·독일·일본의 사례를 중심으로〉〈혼혈인의 사회학: 한국인의 위계적 민족성〉〈이민과 다문화 사회의 도래〉〈미국 의회의 이민법 개정 시도와 좌절, 2004년~2007년〉 등 국제 이주와 외국인 노동자 및 결혼이민자에 관한 여러 편의 논문을 썼습니다.

세더잘 시리즈 04

세상에 대하여 우리가 더 잘 알아야 할 교양

이주, 왜 고국을 떠날까?

루스 윌슨 글 | 전국사회교사모임 옮김 | 설동훈 감수

내인생의책

차례

추천의 글 · 7
책을 읽을 학생과 학부모님께 · 10
머리글 · 14

1. 이주란 무엇일까요?   19
왜 사람들은 낯선 나라로 떠날까요?
이주란 무엇이고, 사람들이 왜 자신의 조국을 버리고 떠나는지,
또 어디로 이주하는지 알아봅시다.

2. 이주를 선택한 사람들   32
더 나은 삶을 위해 이주하기도 하나요?
자발적인 이주자들에 대한 모든 것을 알아봅시다.

3. 강제 이주   39
무엇이 사람들을 떠날 수밖에 없도록 할까요?
난민과 망명자들에 대해 알아봅시다.

4. 이주를 향한 여정   50
돈이 있어야 이주할 수 있나요?
이주자들이 어떻게 한 나라에서 다른 나라로 이동하는지 알아봅시다.

5. 전쟁과 이주　　　　　　　　　　　　　　55
무고한 사람들을 죽이는 전쟁 때문에 사람들은 고국을 버리고 떠납니다.
전쟁이 어떻게 이주를 일으키는지 알아봅시다.

6. 인종, 민족 그리고 이주　　　　　　　　　66
단지 어떤 민족이라는 이유로 이주해야만 하나요?
소수 민족이 처한 문제와 이것이 이주에 어떤 영향을 주는지 알아봅시다.

7. 정치와 이주　　　　　　　　　　　　　　71
기본적인 민주주의조차도 지켜지지 않는 나라의 국민들은 정말 불쌍해요.
정치적인 압력을 피해 자신의 나라를 탈출해야 하는 사람들을 만나 봅시다.

8. 종교와 이주　　　　　　　　　　　　　　77
무엇을 믿든 그것 때문에 나라를 떠나야 하는 것은 슬픈 일이지요.
종교적인 박해로 고향을 도망쳐 나오는 수천 명의 사람을 만나 봅시다.

9. 여성과 이주　　　　　　　　　　　　　　82
여성들은 '이주'라는 특별한 경험에서도 약자지요.
여성들에게 이주는 과연 긍정적인지 아니면 부정적인지
이주가 여성의 삶에 미치는 영향에 대해 알아봅시다.

10. 아이들과 이주　　　　　　　　　　　　　87
젖먹이와 코흘리개들도 머나먼 이국으로 떠나야 하나요?
왜 아이들이 나라를 탈출하는지 알아보고,
아이들이 자주 겪는 문제에 대해 알아봅시다.

11. 환경과 이주　　　　　　　　　　　　　　93

지구 온난화와 기후 변화 등의 환경 문제로도 이주하나요?
사람들이 고향을 버리고 떠나게 한 자연재해와
인간이 만든 재앙에 대해 알아봅시다.

12. 이주에 관해 정부가 하는 일　　　　　　98

정부는 왜 불쌍한 외국인 노동자를 추방할까요?
정부가 자기 나라에 들어온 이주자들에게 취하는
다양한 태도를 알아봅시다.

13. 이주자들이 하는 일　　　　　　　　　　106

이주노동자들이 우리의 일자리를 빼앗아 가나요?
이주자들이 찾을 수 있는 직업의 종류에 대하여 알아봅시다.

14. 이주자들의 귀환　　　　　　　　　　　　114

고국으로 돌아가는 일은 이주자에게 어떤 의미일까요?
자신의 고국으로 다시 돌아가는 이주자도 있고,
새로 정착한 나라에 남는 이주자도 있습니다.
그들이 왜 그런 선택을 하는지 알아봅시다.

한눈에 보는 이주의 역사 · 120
이주 관련 단체 · 125
찾아보기 · 132

추천의 글

_ **설동훈**(전북대학교 사회학과 교수)

　인류는 끊임없이 삶의 터전을 옮기며 살아왔습니다. 현대 과학의 연구 성과에 따르면, 아프리카에서 처음 출현한 현생 인류는 오랜 기간에 걸쳐 지구 전역으로 자기 삶의 영역을 넓혀 왔습니다. 한국인들도 오래전부터 한반도에 삶의 터전을 잡고 살아왔어요. 그러나 우리 역시 북방 또는 남방에서 들어온 이주민의 후손이지요. 한국인의 미토콘드리아 DNA를 분석해 보면, 북방계와 남방계가 섞여 있다고 합니다.
　지도를 보면 세계는 나라별로 국경선으로 나뉘어 있고 막혀 있지만, 실제 지구의 육지와 바다에서 담장이나 철조망으로 막힌 곳보다는 그렇지 않은 곳이 더 많아요. 그러나 현대로 접어들면서, 인간의 이주가 인위적인 국경에 의하여 차단되었습니다. 그것은 세계 각국 정부가 자국인과 외국인의 출입국을 통제하였기 때문입니다. 우리가 다른 나라로 여행할 때, 우리는 공항에서 나가는 나라와 들어오는 나라의 도장을 여권에 모두 찍어야 하지요. 그것이 바로 정부가 개인들의 이주를 통제하는 방식입니다.

세계 모든 나라는 외국인이 자기 나라에 들어와서 거주하거나 취업하는 것에 대해 양면적인 태도를 보입니다. 각국 정부는, 한국 축구계에 신선한 충격을 던져 준 거스 히딩크 감독처럼, 매우 우수한 자질을 가진 외국인을 적극적으로 유치하려고 합니다. 또한, 돈 많은 부자들의 이주도 반깁니다. 그렇지만 그 여러 정부는 자질이 별로 뛰어나지 않거나 가난한 외국인이 자기 나라에 오는 것을 환영하지 않습니다.

각국 정부는 이주를 통제하는데도, 사람들은 생면부지의 타국으로 떠납니다. 왜 그럴까요? 이 책은 그 비밀을 풀어 주는 열쇠를 제공합니다. 자발적 이주자와 강제 이주자 등, 이주자들에게는 제 각각의 사연이 있습니다. 좀 더 나은 삶의 기회를 찾아 떠난 이주노동자, 결혼이민자, 유학생 등이 있는가 하면, 본인으로서는 어쩔 수 없는 요인 때문에 정든 고향을 강제로 떠나게 된 난민과 망명자들이 있어요. 전쟁, 정치, 종교, 인종, 민족, 자연환경 등이 사람들이 이주를 선택하도록 하는 외부적 요인입니다. 이주할 경우, 사람들은 여행사, 외국 취업 알선 기관, 이민 중개인, 유학원 등 다양한 사람들의 도움을 받습니다. 그중에는 합법적인 사업을 하는 곳도 있지만, 일부 불법적인 행위를 하는 사람들도 있어요. 그들은 인신매매와 밀입국 알선 범죄 조직이지요.

이주자 중에는 여성과 아이들도 많습니다. 현대 여성 이주의

특징은 현대 자본주의와 맞물려 있다는 점입니다. 그들은 노동 집약적 공장이나 농장 노동, 서비스 노동, 감정 노동 등에 종사합니다. 이주민들의 미성년 자녀 또는 아동 이주자들도 다양한 형태로 존재하지요. 또 출신국으로 귀환하는 이주자들도 있고, 새로운 나라에 정착하는 이주자들도 있습니다.

이 책은 이주자들의 이처럼 다양한 모습을 알기 쉽게 설명합니다. 이주자가 체류하는 나라의 경제와 사회에 미치는 긍정적 효과와 부정적 효과에 대해서 이야기합니다. 문화적 다양성을 증진하는 효과, 우수 인재 충원 효과가 긍정적 효과의 예라면, 부정적 효과의 예로는 일자리 잠식 효과, 복지 비용의 증대 등이 있어요. 또한, 불법 체류자 단속이나 엄격한 국경 관리 등 국가의 이주자 정책들도 설명합니다. 이주에 관한 다양한 화제를 찬성과 반대의 관점에서 살펴봄으로써 독자들이 균형 있는 판단을 내릴 수 있도록 도와줍니다.

이 책은 매우 적은 분량에 엄청나게 다양한 지식과 정보를 담고 있지만, 어렵지 않게 읽힌다는 장점이 있습니다. 사람들이 국경을 넘는 '이주'의 본질, 즉 현대 사회의 다양한 이주자들의 모습과 각 나라의 이주 정책을 쉽게 파악할 수 있는 길라잡이로 이 책을 추천합니다.

책을 읽을 학생과 학부모님께

　우리나라는 예로부터 단일 민족이라는 자부심을 품고 살아왔습니다. 그러나 21세기 대한민국 사회는 과연 단일 민족 사회일까요? 교통과 정보통신의 발달로, 세계가 점점 좁아졌습니다. 우리나라에도 다양한 민족과 여러 국가의 사람들이 들어와 살고 있습니다. 이제는 다문화 가족도 많아졌지요. 또한, 우리 민족도 미국과 중국은 물론이고 심지어 저 먼 아프리카 대륙의 나라에까지 가서 활발한 활동을 펼치고 있습니다. 언제까지 '단일 민족'이라는 이름 아래 타민족과 그들의 문화를 편견 어린 시선으로 볼 수만은 없습니다. 이러한 편견과 고정 관념을 깨려면 우리는 무엇을 더 잘 알아야 할까요? 오늘날의 다민족 사회는 바로 '이주'와 관련 있습니다. 그런 의미에서 다문화와 다민족이 공존하는 오늘의 세상을 더 잘 이해하기 위해서 우리는 '이주'를 알아야 합니다.

사실 '이주'의 역사는 짧지 않습니다. 우리 인류는 수십만 년 전부터 아프리카에서 유럽으로, 아시아로, 아메리카로 멀리는 북극과 남극으로 이주해 왔습니다. 이주를 통해 우리는 문명을 발달시켰고 새로운 나라를 세웠습니다. 지금 이 순간에도 세계 곳곳의 많은 사람은 다른 나라로 떠나고 있습니다. 공부하려고, 일자리를 찾아서, 식량을 찾아서, 아니면 각종 전쟁과 핍박과 억압을 피해서 수없이 이동하고 또 이동합니다. '이주'는 이처럼 인류의 역사 속에서 우리 삶에 많은 영향을 주었습니다.

이 책은 우리 삶과 매우 밀접한 '이주'의 모든 것을 살펴봅니다. 이주의 정의와 역사에서 시작해서 왜 수많은 사람이 고국을 떠나 낯선 나라로 가는지 그 원인에 대해서 살펴봅니다. 또 이주가 가져온 다양한 결과와 국가와 정부는 이주에 대해 어떻게 대처하고 있는지도 알게 될 겁니다.

또한, 우리는 이 책에서 스스로 이주를 선택한 사람들과 어쩔 수 없이 이주할 수밖에 없었던 사람들을 만나게 됩니다. 자기가 태어난 곳을 버리고 새로운 나라로 가서 산다는 것은 누구에게나 큰 모험이자 힘든 일입니다. 그만큼 위험과 성공을 예측할 수 없는 여정이지요. 자발적 이주자들은 공부나, 더 나은 삶을 위해 고국을 떠납니다. 반면에 어쩔 수 없는 상황에 놓여 나라를 떠나는 이들도 많습니다. 이들은 전쟁이나 정치, 종교적 억압, 자연재해 등을 피하려고 목숨을 걸고 국경을 넘는 사람들이지요. 이처럼 자발적이든 강요에 의해서든 사람들이 이주하는 근본 이유는 바로 '희망' 때문일 겁니다. 지금보다 더 나은 삶을 살겠다는 열망, 그 열망과 희망 때문에 사람들은 끊임없이 이주합니다.

가슴에 희망을 품고 새로운 나라에 도착한 이주민들은 과연 어떤 삶을 살게 될까요? 때로는 그들의 희망이 성공이 되기도 하고, 절망이 되기도 합니다. 우리는 이 책에 나온 수많은 이주민들의 이야기를 통해, 이주의 빛과 그림자를 동시에 알게 될 겁니다. 영화배우 아널드 슈워제네거처럼 이주한 나라에서 주지사가 될 수도 있고, 와리스 디리처럼 소말리아 난민에서 세계적인 모델로 성공할 수도 있습니다. 그러나 대다수의 이주자는 성공보다는 절망을 많이 맛보지요. 수많은 난민 캠프에서 고생하다가 다시 강제 추방당하는 수많은 이주민을 비롯하여 부당하고 열악한 노동 환경에서 일하는 이주노동자들까지, 그들의 삶을 보다 보면, 우리는 '인권'에 대해 깊이 생각하게 될 겁니다.

이 책을 다 읽고 나면 여러분의 머릿속에는 수많은 질문이 떠오를 겁니다.

'사람들은 대체 무엇 때문에 자기 나라를 버리고 낯선 타국으로 떠나는 걸까?'

'우리는 이주하는 사람들을 어떻게 봐야 할까?'

'우리 주변의 외국인 노동자들은 단순히 돈 벌러 온 가난한 나라의 사람들일까?'

'우리도 전쟁의 위협이 있는 한반도를 떠나 더 잘사는 나라로 이주하는 건 어떨까?' 등등.

 물론 이 책은 정답을 제공하지 않습니다. 하지만, 우리가 '이주'에 대하여 더 잘 알게 되면 앞의 질문에 대해 좀 더 구체적으로 생각할 수 있을 겁니다. 여러분은 이 책을 읽고 나서 '이주'라는 주제를 통해 우리가 지금까지 잘 알지 못했던 세계 역사의 또 다른 면을 볼 수 있을 겁니다. 그리고 우리가 다민족, 다문화 사회에서 어떤 생각을 하고 또 어떻게 살아야 할지도 고민하게 될 겁니다. 이 책을 통해 여러분이 세계화 시대의 교양인으로서 우리 시대의 국제적인 흐름과 변화를 새로운 관점으로 볼 수 있기를 바랍니다.

머리글

이주(Migration) 한 지역이나 나라의 사람들이 일자리 또는 다른 생활 양식을 찾아서 다른 지역이나 나라로 들어오는 것

망명(Asylum) 정치적인 박해나 위험을 피하려고 안전한 외국으로 몸을 옮기는 것

난민(Refugee) 전쟁이나 재난 따위를 당하여 곤경에 빠진 사람들로 국제법에 따라, 자기 나라를 떠나 다른 나라에서 피난처를 제공받은 사람

국제 이주(International migration) 자기 나라를 떠나 다른 나라로 이주하는 일

이주와 망명은 자주 뉴스의 머리기사를 장식합니다. 전쟁과 재해는 사람들의 대규모 이동을 불러오지요. 기업들은 외국인 이주노동자를 값싸게 착취하고 있다고 비난받고 있어요. 난민 신청자들은 신분 위조로 잡혀가기도 합니다. 정치가들은 이주와 난민들에 대한 그들의 정책 때문에 표를 얻기도 하고 잃기도 합니다. 국제 이주는 우리가 사는 세상의 모습을 변화시켰고, 앞으로도 계속 바꿔 갈 것입니다.

이 책은 통계와 머리기사들 뒤에서 실제로 무슨 일이 일어나고 있는지 살피고, 몇몇 질문들에 답

을 찾아 나설 것입니다. 왜 사람들은 사랑하는 조국을 떠날까요? 그들은 어디서 와서 어디로 갈까요? 어느 나라로 갈지 사람들은 어떻게 결정하는 걸까요? 우리는 장기 이주와 단기 이주를 포함한 모든 형태의 국경을 넘는 이동에 대해서 살펴볼 것입니다. 우리는 합법적인 증명서가 없을 때, 밀입국 중개인에게 의존하거나 인신매매단에 사

 국경(Border) 나라와 나라의 영역을 가르는 경계

 밀입국 중개인(Smuggler) 이민을 원하는 사람들에게 불법적으로 돈을 받고 국경을 몰래 건너갈 수 있게 해주는 사람

전 세계의 많은 사람이 새로운 나라에서 새 삶을 시작하려고 자기가 태어난 나라를 버리고 떠난다.

기당했을 때, 사람들이 어떻게 이주하는지 알아볼 것입니다.

이주는 무엇을 의미할까요?

'이주'라는 단어는 자기가 태어나지 않은 나라에 정착하려고 사람들이 입국하는 것을 말합니다. 국제 이주는 새로운 나라에서 자신의 남은 평생을 보내거나 또는 짧은 기간 머무르는 사람들의 이동을 포함하는 말입니다. 어떤 사람들

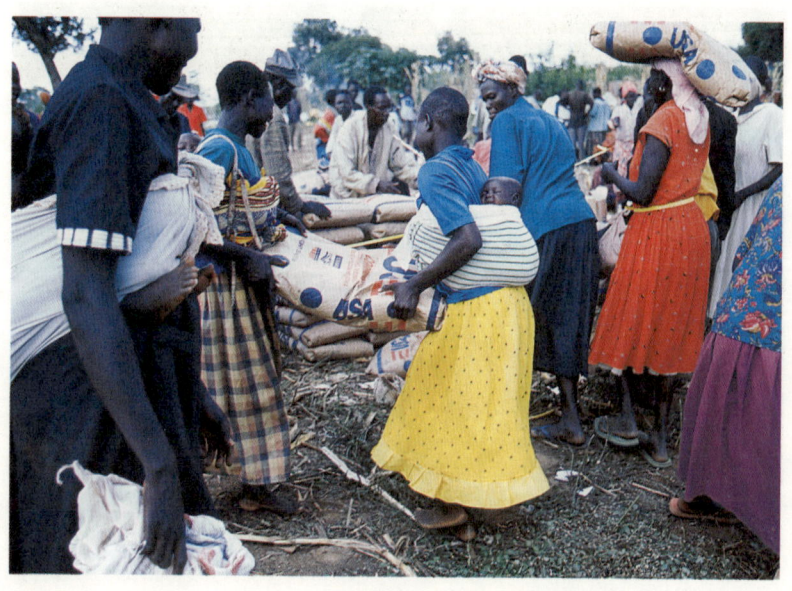

좀 더 나은 삶을 찾아 고국을 떠나는 사람들이 매년 1000만 명에 이른다.

은 몇 달 동안 외국에서 일하려고 매년 비행기를 탑니다. 그리고 어떤 사람들은 먹고 살려고 매일 국경을 넘어요. 이주에 영향을 주는 사건에는 전쟁, 종족 갈등, 경기 침체, 박해 그리고 자연재해 등이 있습니다. 정치적 망명자들과 난민들은 오로지 생명을 지키려고 자신들의 나라를 떠납니다.

오늘날 점점 더 많은 여성과 아이들이 국경을 넘고 있어요. 우리는 그들이 처한 위험, 특히 전쟁이나 박해 때문에 도망쳐야 할 때 겪게 되는 위험을 살펴봐야 해요.

어떤 나라의 정부는 이주를 강력히 단속하고, 이주자들이 국경 안으로 들어오는 것을 막으려고 노력해요. 이 책에서 우리는 여러 국가가 이주를 통제하기 위해 사용하는 대책을 살펴봅니다. 또한, 우리

아이들도 전 세계 이주자 중에 상당수를 차지한다.

 박해(Persecution) 종교적 믿음이나 특정 집단에 소속되어 있다는 이유로 사람들을 괴롭히고 몰아내며 때로는 죽이는 것

 이주자(Immigrant) 한 나라에서 여러 해 또는 장기간 일하며 살려고 다른 나라에서 들어와 정착한 사람

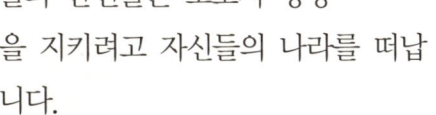 **국가(Nation)** 하나의 통치 조직 아래 있는 영토와 그곳에 사는 사람들로 이루어진 것. 국민·영토·주권의 3요소를 필요로 한다.

> **시민(Citizen)** 한 나라에서 생활할 합법적인 권리를 가진 사람. 그 나라의 법률로 보호받고, 투표권을 가지고 있다.

는 사람들이 다른 나라에 넘어갔을 때 무엇을 하는지 그리고 그들이 얻게 되는 직업이 무엇인지 알아볼 거예요. 끝으로, 고향의 의미를 다시 생각해 보려고 해요. 어떤 사람들에게 고향은 그들이 처음 출발한 나라를 의미하지요. 또 다른 이들에게 고향은 새로운 땅에 집을 짓고 또 그곳의 시민이 되어 정착한 곳입니다.

인류의 끝없는 여정

아주 오래전부터 지금까지, 인류는 계속해서 사는 곳을 옮겨 왔다. 아프리카가 고향인 초기 인류는 유럽, 아시아, 오세아니아, 아메리카 등으로 이주했다. 그리고 앞으로도 인류는 계속 이주할 것이다. 사람들이 기회, 부, 지식, 안전과 자유를 찾기 위해 국경을 넘어온 것은 수백 년 전이다. 그들은 모험가, 선원, 탐험가, 상인, 망명자, 유목민, 탈주자, 채굴꾼, 개척자, 노예, 선교사, 침략자, 무역업자, 용병, 식민주의자 그리고 이단아들이다.

1. 이주란 무엇일까요?

국제 이주는 짧은 시간 또는 수년간 다른 나라에서 살려고 국경을 넘어 고국을 떠나는 것을 말합니다. 이민자(immigrant)는 거주하고 일하기 위해 다른 나라에서 들어온 국제 이주자(migrant)를 말합니다. 국경을 건너는 사람들을 지칭하기 위해 많은 말이 사용되는데, 그런 말에는 정착자, 계약 노동자, 계절노동자, 전문가, 미등록 이주자, 경제적 이주자, 정치적 망명자, 난민 등이 있습니다.

 경제적 이주자(Economic migrant) 일자리를 찾거나 돈을 벌 목적으로 다른 나라로 이동하는 사람

미등록 이주자들은 목적지를 향해 멀고도 험한 여행을 한다. 수용 인원을 초과한 배는 그들의 목숨을 위협한다.

'이주자'의 또 다른 이름은 무엇일까요?

정착자: 새로운 나라에서 영구히 거주하려는 사람들
계약 노동자: 특정한 일을 하는 동안 머무는 노동자
계절노동자: 어떤 산업은 1년 중 특정 시기에 노동자가 더 필요하다. 예를 들어 농장과 식품 가공업은 추수 때에 특히 더 많은 노동력이 필요하다.
전문가: 간호사, 의사, 교사, 과학자, 컴퓨터 전문가, 대학교수 등등을 포함한다. 일부는 여러 나라에 사무실이나 공장이 있는 다국적 기업에 취업한다.
미등록 이주자: 이들은 일자리를 얻기 위해 다른 나라에서 온 사람들이다. 그러나 취업 허가서, 비자, 여권처럼 어떤 국가에 들어가 머무는 데 필요한 공문서를 가지고 있지 않다. 이들은 서류를 보여 주지 않거나 혹은 허위 서류를 가지고 국경을 통과한다. 그래서 그들은 서류 미비 이주노동자로도 불린다.
경제적 이주: 일자리를 얻기 위해 합법적으로 국경을 건너는 사람을 말한다. 이 용어는 미등록 이주자, 난민, 그리고 정치적 망명자는 포

🏠 **다국적 기업(Transnational companies)** 여러 나라에 사무실, 공장, 회사를 세워 놓고 국제적으로 생산과 판매 활동을 하는 기업

 서류 미비 이주노동자 (Undocument worker) 일하려고 다른 나라로 떠났지만, 그 나라에서 머무는 데 필요한 공식 서류들을 갖추지 못한 사람

함하지 않는다.
정치적 망명자: 박해를 피해 다른 나라에 피난처 또는 보호를 요청하는 사람들을 정치적 망명자 또는 난민 신청자라고 부른다.
난민: 난민은 전쟁이나 자연재해와 같은 일로 피난처나 안전을 찾아 고국을 떠난 사람들이다.

이주자들의 규모

국제 이주의 규모는 지난 35년간 두 배 이상 늘어났습니다. 1965년에는 7500만 명이었는데, 2000년에는 무려

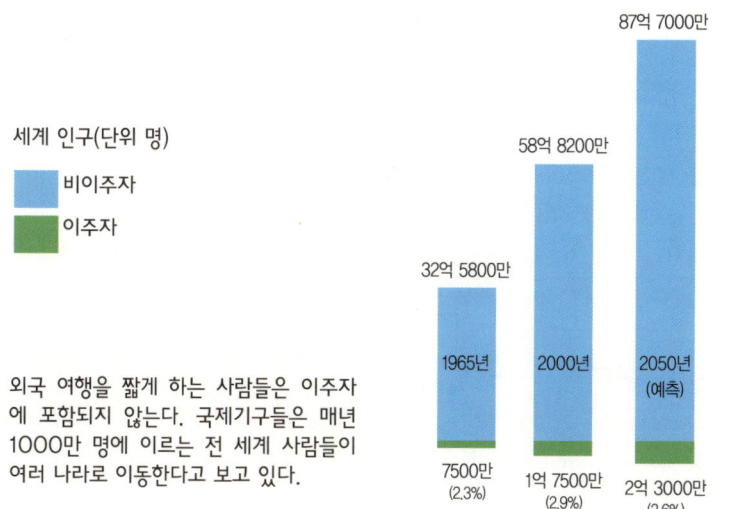

외국 여행을 짧게 하는 사람들은 이주자에 포함되지 않는다. 국제기구들은 매년 1000만 명에 이르는 전 세계 사람들이 여러 나라로 이동한다고 보고 있다.

1억 7500만 명이나 됩니다. 같은 시기에 세계 인구도 30억 명에서 60억 명으로 늘어났어요. 세계 인구 증가 속도는 앞으로 몇십 년 안에 줄어들 것이기 때문에, 앞의 그래프처럼 국제 이주 규모의 상승세는 3% 이내로 유지될 것 같아요. 따라서 매년 얼마나 많은 사람이 국경을 넘을지 정확히 예측하기란 매우 어렵죠.

들어오는 이주와 나가는 이주

세계에는 190여 개의 나라가 있어요. 모든 국가는 국제 이주와 관련이 있습니다. 국민이 한 나라에서 다른 나라로 떠나는 것을 국제 이주라고 한다면, 국민이 떠나는 나라는 송출 국가고, 외국에서 다른 나라 국민이 들어오는 나라는 유입 국가입니다. 이주하는 사람들은 집과 일자리를 찾아 유입국의 국경 안으로 들어옵니다.

어떤 나라들은 두 경우 모두에 해당하죠. 예를 들어, 몇몇 남아메리카 국가의 이주자들은 일자리를 찾으려고 아르헨티나로 옵니다. 그러나 아르헨티나는 현재 경제 위기에 처해 있어요. 다시 말해서 한쪽에서 새로운 이주자들이 도착하는 동안, 다른

> ✈ **들어오는 이주(Immigration)** 잠깐이라도 다른 나라에 머물러서 살려는 사람들이 국경 검문을 통해서 입국하는 과정, 유입 이주라고도 한다.
>
> ✈ **나가는 이주(Emigration)** 여러 가지 이유로 다른 나라에서 살려고 자기 나라를 떠나는 것, 송출 이주라고도 한다.

한쪽에서는 일자리를 찾아 아르헨티나인들이 다른 나라로 떠나고 있습니다.

나머지는 경유 국가입니다. 사람들이 자신의 목적지로 가는 중에 잠시 들

아이티는 이주민을 해외로 보내는 나라다. 아이티 사람들은 고국을 떠나 미국으로 간다. 그들은 가난, 폭력, 정치 불안 그리고 독재가 싫어 아이티를 떠난다.

르는 나라가 바로 경유 국가입니다. 예를 들어 아프리카 이주자들은 북유럽으로 가기 위해 보트를 타고 이탈리아 해변까지 갔다가 그곳에서 다시 목적지로 향합니다. 이때 이탈리아는 경유 국가가 되는 셈입니다.

사람들은 어느 나라에서 오고 어느 나라로 가는가?

매년 약 230만 명의 사람들이 저개발국에서 선진국으로 이동합니다. 예를 들어 아프리카, 남아메리카, 아시아에서 미국, 캐나다, 오스트레일리아, 유럽으로 이

선진국(Developed countries) 정치, 경제, 문화, 기술이 앞선 나라로, 도시가 많고 부유한 나라다.

개발도상국(Developing countries) 아직 산업화가 진행 중이고, 선진국보다 정치, 경제, 기술이 뒤떨어진 나라다. 가난한 나라가 많다.

동해요.

하지만, 훨씬 더 많은 사람이 개발도상국에서 다른 개발도상국으로 이동합니다. 그리고 대개는 가까운 나라들로 움직입니다. 예를 들어 콜롬비아인들은 베네수엘라로 가고, 폴란드 건설 노동자들은 독일에서 일자리를 찾아요. 또한, 적어도 50만 명의 버마(미얀마) 사람들이 이웃 나라 태국에서 일하고 있어요.

전 세계 사람들은 끊임없이 지구 여기저기로 옮겨 다니고 있다.

5대 이주자 유입 국가들(1970년~1995년)

미국	1670만 명
러시아	410만 명
사우디아라비아	340만 명
인도	330만 명
캐나다	330만 명

5대 이주자 송출 국가들(1970년~1995년)

멕시코	600만 명
방글라데시	410만 명
아프가니스탄	410만 명
필리핀	290만 명
카자흐스탄	260만 명

전 세계의 난민과 추방된 사람들을 합한 총 수는 2003년에 2060만 명에 이른다.

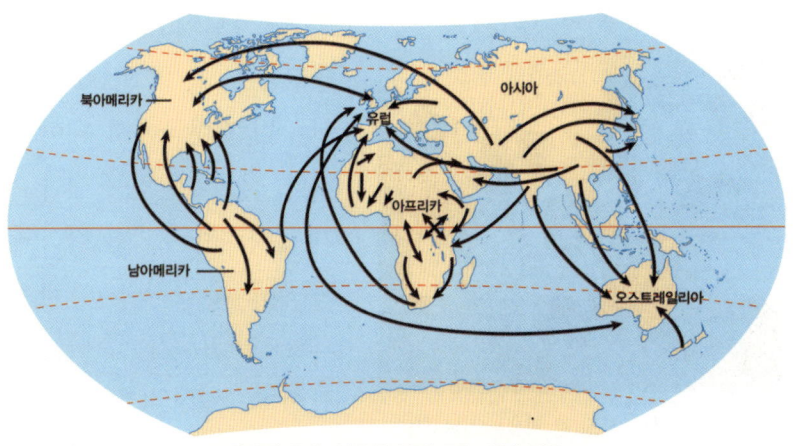

이주의 주요 경로를 보여 주는 세계 지도

1. 이주란 무엇일까요?

사람들은 왜 이주하는가?

고향을 떠나는 것도 힘든 결정인데, 하물며 나라를 떠나는 것은 삶에서 가장 큰 결정이고 선택이지요. 친구들과 가족이 있는 익숙하고 정든 곳을 떠나서 아는 사람도 없고, 말도 잘 안 통하는 타국에서 새로운 삶을 시작하려면 아주 절박한 이유가 있어야 합니다.

사람들은 주로 더 나은 삶의 질을 찾아 이주합니다. 나라마다 부유한 정도가 달라서, 사람들은 이주를 통해서 삶의 질을 높일 수 있어요.

이주의 다른 이유로는 처절한 전쟁, 나쁜 정부 그리고 가뭄 같은 환경 문제가 있습니다. 인구 증가는 또 다른 압력이지요. 세계 인구는 1년에 8300만 명씩 늘고 있는데, 약 8200만 명이 개발도상국에서 태어납니다. 즉, 세계 인구 대다수가 일자리가 부족한 나라에서 살고 있습니다. 그래서 그들 중 일부가 생계를 꾸리려고, 일자리를 찾아서 바다를 건너는 겁니다.

사람들이 이주하는 가장 큰 이유는 가난에서 벗어나려는 것이다.

그러나 이주를 선택하는 사람들이 항상 찢어지게 가난한 사람들은 아니죠. 다른 나라로 여행하려면 최소한의 경비가 필요하니까요. 그리고 가고자 하는 나라에 대한 정보도 찾아야 합니다. 정말로 가난한 사람들은 교육도 받지 못했고 이주하는 데 필요한 연락처나 돈도 없어요.

전 세계에 걸쳐 하나가 된 경제

우리는 지금 세계화된 경제 속에 살고 있습니다. 여러 나라와 대륙은 서로 무역을 하고 있습니다. 기업들은 값싼 노동력이 있는 곳에 공장을 세우고 있습니다.

1970년대에 석유 생산국들은 매우 부유해졌어요. 그곳에는 노동자들보다 일자리가 더 많았어요. 그래서 사우디아라비아와 이란 같은 나라들은 다른 아랍 국가들과 인도 그리고 아시아로부터 수백만 명의 노동자들을 블랙홀처럼 끌어들였어요.

1980년대에 싱가포르, 대만, 한국, 홍콩의 경제가 빠르게 성장했어요. 돈과 일자리를 위해 태양이 내리쬐는 사막의 석유 생산국들로 이주했던 한국인들은 이제 한국에서 더 많은 일자리를 찾을 수 있게 되었어요.

1990년대에 소련이 붕괴하자 많은 독립 국가가 생겨났고, 그만큼 국경도 늘어났어요. 또한, 중국은 이제 세계 경제의 일부가 되었어요. 점점 많은 사람이 중국을 떠나고 있고, 다른 나라의 사람들도 점점 더 많이 중국으로 들어가고 있답니다. 국제 이주는 오늘날 세계의 일부이자 우리 삶의 일부가 되었습니다.

이동과 이주의 짧은 역사

인류는 언제나 이동해 왔다. 19세기가 되기 전까지는 나라 사이에 정확한 국경선이 없었다. 그래서 한 나라에서 다른 나라로 가는 일이 그리 어렵지 않았다. 하지만, 대다수 사람은 자신이 태어난 도시나 마을로부터 멀리 가지 않았다.

오늘날의 '이주'라는 개념은 역사가 오래되지 않았다. 19세기 유럽에서 인구의 대규모 이동이 있었다. 이는 새로운 산업과 도시들이 발전하고 있었고, 유럽 사람들은 앞으로는 농촌에서 자신이 직접 기르거나 키운 것만 먹고 살 수 없다는 것을 깨달았기 때문이었다. 유럽 사람들은 도시로 이동했다. 그러나 그곳에는 충분한 일자리가 없었다. 그래서 사람들은 유럽을 떠나 북아메리카로 갔다.

20세기 초부터, 이주하는 인구가 점차 증가해 왔다. 과거에 식민지였던 나라들이 독립하였고, 사람들은 일자리를 찾으러 떠나야 했다. 신문, 라디오, 텔레비전의 발달은 이제 가난한 나라 사람들도 다른 나라의 생활 수준에 대해 잘 알도록 했다. 이는 삶의 질을 높이려는 이주를 더 증가시켰다.

 식민지(Colony) 정치적·경제적으로 다른 나라에 예속되어 주권을 상실한 나라. 다른 나라의 지배를 받는다.

이주는 좋은 것인가, 나쁜 것인가?

이주를 둘러싸고 많은 논쟁이 있었다. 이주는 좋은 것인가 나쁜 것인가? 사람마다 나라마다 각기 다른 의견을 가지고 있다. 이주에 대한 사람들의 찬성과 반대 의견을 알아보자.

이주에 찬성하는 주장

- 이주자들은 보통 내국인들이 꺼리는 더럽고, 위험하고, 낮은 임금을 받는 일자리에서 일한다. 그들은 또한 의사나 간호사처럼 숙련된 기술자의 부족한 자리를 채운다.
- 이주자들은 일자리를 창조한다. 그들은 식당에서 식사하고, 버스와 기차를 타고, 상점에서 물건을 사는 등 이주한 나라에서 소비 활동을 한다. 또한, 많은 이주자가 스스로 창업을 하기도 한다.
- 이주자들은 낮은 임금을 받기 때문에, 물가를 낮추는 데 도움을 준다. 그리고 그들은 내국인이 더 나은 일자리를 얻을 수 있게 한다. 예를 들어, 저임금을 받는 이주민 출신의 보모나 오페어(au pair: 가정에 입주하여 집안일을 거들며 언어를 배우는 외국인 유학생)들 덕분에 주부들이 고임금의 직업을 가질 수 있게 되었다.
- 세월이 흐르면서, 이주민과 그 후손들은 이주한 나라에 경제적으로 크게 이바지할 수 있다.
- 단지 일부의 이주민들만이 정부의 복지 혜택을 받는다. 이주자는 대개 노동을 통해 돈을 번다. 그들이 번 돈으로 낸 치료비와 학비는 병원과 학교의 운영을 돕는다.

- 대부분의 선진국은 출산율이 낮고 고령화되었다. 따라서 선진국의 경제가 돌아가고 유지되려면, 외국에서 이주민이 들어와야 한다.
- 다양한 사람들이 함께 사는 것은 한 나라의 삶을 풍요롭게 한다. 이주민들은 자국의 음악, 미술, 요리법 등 자기 나라의 문화를 새로 정착한 나라로 가지고 들어온다. 이주민 대다수는 법의 테두리 안에서 평화롭게 살기를 원한다.
- 많은 이주민이 자신이 번 돈을 고향으로 보내는데, 이는 경제적으로 어려운 고국에 큰 도움이 된다.

이주에 반대하는 주장

- 사실, 일자리가 충분한 나라는 거의 없다. 따라서 이주자는 새로 정착한 나라에서도 일자리를 구하기 어려워 종종 실업자 신세가 되곤 한다.
- 이주자들은 새로 정착한 나라에서 사람들의 일자리를 빼앗는다. 그래서 그들이 정착한 나라의 사람들을 실직 상태로 만들기도 한다.
- 이주자들은 낮은 임금을 받고 일하기 때문에, 그 나라의 전체 평균 임금을 낮춘다. 이 때문에 내국인들은 더 적은 임금을 받아도 참고 일해야 한다.
- 이주자들은 이주한 나라에 세금을 내지 않기 때문에, 국가 경제에 도움을 주지 않는다.
- 이주자들은 정부에 기대어 살아간다. 그들은 학교와 병원을 이

용하지만 세금을 내지 않기 때문에 재원을 고갈시킨다.
- 이미 어떤 나라들은 이미 인구 과잉 상태다. 그래서 더 많은 사람들을 받아들일 여유가 없다.
- 이주는 인종주의와 폭동을 불러올 수 있다. 이주자들은 범죄에 가담하여 사회 불안을 일으키기도 한다.
- 고국을 위해 일할 수 있는 부유하고 능력 있는 사람들이 이주를 통해 다른 나라로 빠져나가기 때문에 이주자들의 출신국에는 손실이 크다.

※ 본문의 Illegal Migrants(Immigrants)를 불법 체류 이주자로 번역하지 않았습니다. 대신 문맥에 따라 미등록 이주자, 서류 미비 이주자로 표현했습니다. 국제연합(UN)을 비롯한 여러 국제기구와 국내외 인권 단체들이 이주민 비범죄화 원칙에 따라 범죄자 이미지를 연상시키는 illegal(불법)이라는 단어를 사용하지 않고 undocumented(미등록)이라고 표현하는 국제 관행을 따랐기 때문입니다. 또한 이 책의 저자도 Illegal Immigrants를 입국 및 체류하는 데 적합한 공식 서류를 갖추지 못한 이주민이라고 정의했습니다.

2. 이주를 선택한 사람들

국제 이주자 대부분은 고국을 떠나 어느 나라로 갈지 선택합니다. 이런 경우를 자발적인 이주라고 부릅니다. 반면에 어떤 사람들은 이주를 스스로 선택할 수가 없어요. 그들은 어쩔 수 없이 고국을 떠나야 하기 때문입니다. 전쟁, 기근 또는 탄압 때문에 조국을 탈출해야 했거든요. 이런 경우를 강제된 이주라고 부릅니다. 이렇게 강제로 이주하게 된 사람들을 흔히 난민이라고 부릅니다.

가뭄과 같은 환경 문제는 사람들이 고향을 등지게 한다.

이주를 선택할 때의 유의 사항

만약 어떤 나라로 이주를 생각한다면, 떠나기 전에 깊이 생각해 보아야 할 게 한둘이 아닙니다.

어디에서 무슨 일을 할까요?

이주를 결심한 여러분은 이주한 나라에서 얻으려는 일자리가 그 나라에서 많이 요구하는 일자리인지 알아봐야 합니다. 예를 들어, 의사, 간호사, 교사는 대부분의 나라에서 많이 필요로 합니다. 그러나 고국에서 얻은 자격증이 언제나 다른 나라에서도 인정되는 것은 아니죠. 어쩌면 같은 종류의 직업을 계속 유지할 수 없을지도 모릅니다. 그렇게 되면 미리 다른 직업을 찾을 필요가 있지요. 그래서 가끔 고급 기술을 가진 사람들이 다른 나라에 정착하려고 낮은 임금을 받는 일을 하기도 합니다.

지금보다 생활 형편이 나아질까요?

일단 여러분이 이주 가능한 나라 몇 개국을 선택했다면, 당신은 그곳에

어떤 사람들은 자신의 의지와 상관없이 이주를 강요당한다.

이주민은 어떤 교통수단과 방법으로 국제 이주를 할지 생각해야 한다.

이주를 위한 공식 서류를 얻기는 매우 어렵다.

서의 수입과 생활비를 따져 볼 필요가 있습니다. 어쩌면 급여가 많아 보일 수도 있습니다. 그러나 기본적인 생활비 또한 매우 많이 들 수 있다는 사실을 잊지 마세요. 그래도 여러분의 생활이 나아질 수 있는가를 살펴야 합니다. 왜냐하면, 여러분은 지금보다 더 나은 삶을 원해서 이주했으니까요. 또한, 동시에 고국에 있는 친척들에게 돈을 보내야 할 경우도 많거든요.

어떤 언어를 쓰는 나라인가요?

사람들은 대개 자기와 같은 언어를 사용하는 나라로 가지요. 비교적 영어를 할 줄 아는 사람이 많아서, 대다수가 이주할 곳으로 영어를 쓰는 나라를 선택하죠. 하지만, 특정 문화나 사람에 따라 배우기 쉬운 언어도 있고, 배우기 어려운 언어도 있지요. 그래서 어떤 언어를 쓰는지가 이주할 나라를 선택하는 데 있어서 매우 중요합니다.

이주하기에 충분한 돈이 있나요?

여러분은 새로운 나라로 가는 동안의 경비와 도착한 뒤에도 일정 기간 생활할 수 있는 돈이 충분하기를 바랍니다. 만약에 당신이 운이 좋다면, 고용주가 비행기 삯을 대신 낼 겁니다. 그러나 일반적으로 사람들은 이주할 때 드는 경비를 마련하려고 몇 년 동안 돈을 모읍니다. 어떤 사람들은 밀입국 중개인에게 빚을 집니다. 그리고 범죄 조직들 때문에 낮은 임금을 받거나 일하고도 한 푼도 받지 못하는 때도 있지요.

합법적인 서류를 가지고 있나요?

어떤 나라는 특정한 기술을 가진 전문가들이 자기네 나라로 이주하기를 원합니다. 국가는 그들을 위해 취업 허가서와 비자를 준비합니다. 그 과정에서 공식적인 서류를 얻는 게 낙타가 바늘구멍을 통과하는 것처럼 어려울 수 있습니다. 그래서 많은 사람이 위조 서류를 가지고 입국하거나, 아무런 서류 없이 몰래 다른 나라로 밀입국하기도 합니다.

이주할 나라에 아는 사람이 있나요?

많은 사람이 친구나 친척이 사는 나라로 이주합니다. 왜냐하면, 낯선 나라에서 어려운 일을 겪게 되었을 때 아는 사람들의 도움이 큰 힘이 될 수 있기 때문입니다. 친구들은 그들을 다른 사람들에게 소개할 것이고, 일자리를 얻도록 도울 수도 있습니다.

한 이주자의 이야기

아탄은 23세이고 알바니아에서 왔다. 중등학교를 졸업했으나 그의 고국에는 일자리가 없었고, 마땅히 취업할 곳도 없었다. 그는 이주를 결심하고 고향과 가까운 마케도니아로 밀입국했다.

마케도니아에서 2주 동안 일자리를 찾았으나, 일자리를 찾을 수 없었다. 이 무렵 그는 가지고 있던 돈이 바닥났다. 그래서 그리스로 가기로 했다. 왜냐하면, 그곳의 임금이 더 높고 일자리가 더 많다고 들었기 때문이다.

아탄은 어느 농장에서 일하게 되었다. 그는 몇 달 동안 일했고 얼마간의 돈을 저축할 수 있었다. 그러나 어느 날 그는 경찰에게 검문을 당했고, 경찰은 그가 합법적인 서류를 갖고 있지 않았다는 것을 알아냈다. 그는 경찰서로 끌려가서 두들겨 맞았다. 다음 날 경찰은 그를 알바니아로 되돌려 보냈다. 그래도 아탄은 운이 좋았다. 그가 알바니아로 돌아왔을 때, 공식적인 이주 프로그램에 합격하였고 다시 이탈리아로 일하러 갈 수 있었다.

이주자들의 네트워크가 있나요?

여러분이 새로 도착한 나라에 같은 나라 출신의 이주자들이 있을지도 모르지요. 그들은 같은 언어를 사용할 것이고, 여행하는 법에 대해 조언도 해 주고 어러분이 잘 적응할 수 있도록 도와줄 것입니다.

전자 우편 서비스인 핫메일(Hotmail)은 이주자가 발명했다.

이주할 나라 근처에 또 갈 곳이 있나요?

짧은 거리를 여행하는 게 비용이 덜 들고 더 쉬워요. 매일 스위스와 룩셈부르크로 일하러 가는 사람들이 있습니다. 그들은 퇴근하고 집으로 돌아가려고 매일 저녁 다시 국경을 넘습니다. 유럽에는 값싼 비행기 표가 많아서 어떤 사람들은 평일과 주말을 각각 다른 나라에서 보내기도 합니다.

런던의 차이나타운은 많은 중국인 이주자들에게 고향 같은 곳이다.

이주자들의 대성공

아주 적은 수의 이주자만이 크게 성공합니다. 사비어 바티아는 인도의 방갈로르 지방의 도시에서 자라났습니다. 그는 공부를 잘했고, 19세 때 미국으로 유학을 갔습니다. 그가 미국에 첫발을 디뎠을 때 주머니에는 250달러밖에 없었어요. 그는 컴퓨터 공학을 공부한 뒤에, 컴퓨터 회사에 취직하였습니다. 그리고 나서 간단하고, 자유롭고, 안전하게 인터넷을 통해 대화하는 방법에 대한 아이디어를 제안했습니다. 그는 이것을 핫메일(Hotmail)이라고 불렀죠. 2년 뒤, 그는 이것을 마이크로소프트사에 400만 달러를 받고 팔았답니다.

이주자의 가족

윈스턴은 어머니와 살기 위해 14세 때 카리브 해의 바베이도스 섬을 떠났다. 윈스턴의 어머니는 10년 전, 영국 정부가 카리브 해의 여러 섬에 사는 수많은 노동자를 영국으로 불러들였을 때, 영국으로 떠났다. 당시 윈스턴은 어린아이라서 어머니와 함께 살 권리가 있었다. 그래서 그는 합법적으로 영국에 들어갈 수 있었다. 그는 영국에서 고등학교와 대학교에 들어갔다. 그러고 나서 가이아나로 가서 몇 년 동안 학생들을 가르쳤다. 그곳에서 가이아나 여성 안드레아를 만나 결혼했고, 그들은 영국으로 함께 돌아왔다. 그들의 장래 계획은 고향 바베이도스에 다시 가서 사는 것이다.

3. 강제 이주

난민은 그들의 고국을 떠나왔지만, 돌아갈 수 없는 사람들입니다. 고국으로 돌아가면 목숨이 위태롭기 때문이지요. 그들은 정치적인 태도 때문에 위험에 처했을 수도 있고, 인종, 종교, 민족 때문에 또는 특정 사회 집단에 소속되어 있다는 이유로 탄압받았을 수도 있습니다.

망명 신청자들은 그들의 고국을 빠져나와 피난처를 찾는 사람들입니다. 전 세계적으로, 2002년에만 100만 명 이상의 사람들이 망명을 신청했거나 망명 허가를 기다리고 있어요. 망명 신청자 중에 단일 집단으로

 망명 신청자(Asylum seeker)
자기 나라에서 박해받는 것이 두려워서 다른 나라에서 피난처나 난민 지위를 구하는 사람, 난민 신청자라고도 한다.

고향에서 쫓겨난 사람들은 종종 가혹한 상황에 내몰린다.

는 이라크인이 가장 많습니다. 이들은 이라크 정부의 탄압과 전쟁을 피해 나라를 떠나온 사람들이지요. 그 수는 약 5만 9000명입니다.

지난 50년간, 수백만 명의 사람들이 망명 허가를 받았습니다.

난민의 권리

1948년, 국제연합(UN)은 세계 인권 선언에 합의했다. 이 선언 제14조는 모든 사람은 박해를 피하여 타국에서 피난처를 구하고 보호받을 권리를 가진다고 쓰여 있다. 이것이 의미하는 바는 인권 침해의 피해자들은 그 나라에서 자유로이 떠날 수 있어야 하고, 어디서든 피난처를 찾을 수 있다는 뜻이다.

1951년, 유엔난민기구(UNHCR)가 난민들을 돕기 위해 만들어졌다. 같은 해, 국제연합(UN)은 '난민 조약'을 채택하였다. 이 조약은 난민의 권리와 정부의 난민 보호 의무를 기술하였다. 이 조약은 체결된 장소의 이름을 따서 보통 제네바 협정이라고 부른다.

정부와 국제기구의 대표자들이 스위스 제네바에서 이주와 난민 문제를 토론한다.

난민은 어디에서 오나요?

난민은 전 세계에서 옵니다. 특정 대륙이나 지역에서만 난민이 발생하는 게 아닙니다. 난민들은 주로 억압적인 정부나 전쟁이 벌어진 국가에서 오죠. 그리고 피난처가 필요한 모든 사람이 탈출하지는 못합니다. 어떤 정부는 정치적 반대자들을 감옥에 가두거나 심지어 죽이기도 합니다.

오늘날 전 세계에서 가장 큰 난민 집단은 팔레스타인 사람들입니다. 1948년에 팔레스타인 지역에 이스라엘이 건국되면서 팔레스타인 사람들의 80%가 고향을 떠나야 했습니다. 그 규모는 약 380만 명이나 됩니다. 대부분의 팔레스타인 난민은 요르단, 가자지구, 서안지구에 있어요. 나머지는 이웃 나라에서 살고 있어요.

다음으로, 큰 난민 집단은 아프가니스탄 사람들입니다. 20년 넘게 계속된 전쟁 때문에 400만 명이 넘는 아프가니스탄 사람들이 자기 나라를 떠났어요. 많은 사람이 여전히 유랑 중인데, 대부분은 이란과 파키스탄에 있습니다.

세계 곳곳의 분쟁 지대

세계에는 정치 상황이 불안하고 치안이 위험한 나라가 많아요. 이들 나라 중 일부에서, 아주 제한된 숫자의 사람들만이 탈출에 성공하지요. 그러나 아주 짧은 기간만 피해 있는 사람들도 많습니다.

난민들은 대부분 어디에 있을까요? (2002년 기준)

이란	130만 명
파키스탄	120만 명
독일	98만 명
탄자니아	69만 명
미국	48만 5000명
세르비아 몬테네그로	35만 명
콩고민주공화국	33만 명
중국	30만 명
아르메니아	25만 명

콩고민주공화국

수천 명의 사람이 콩고민주공화국을 떠났습니다. 1997년 이래로 전쟁이 이 나라를 잿더미로 만들어 버렸어요. 그곳엔 교전 중인 여러 집단이 무고한 국민에게 잔악무도한 행위를 서슴지 않고 있어요. 수천 명의 시민이 죽거나 다쳤습니다. 2005년에 과도 정부가 수립되었지만, 그 후에도 몇 차례 내전이 있었습니다. 그 주변국도 전쟁으로 황폐해져 난민들이 콩고민주공화국으로 흘러들어오고 있습니다.

라이베리아

최근에 10만 명 이상의 라이베리아 사람들이 나라를 떠나고 있어요. 찰스 테일러 대통령이 1997년에서 2003년까지 집권했어요. 그는 정부를 비판하는 사람은

파키스탄에 있는 수천 명의 아프가니스탄 난민들

누구든 탄압하고 감옥에 집어넣었어요. 독재 정부를 지지하는 군인과 독재 정부를 반대하는 군인 양쪽이 모두 시민을 약탈, 강간하고 심지어 죽이기도 했어요. 독재자 찰스 테일러는 지금 나이지리아에 도피해 있습니다. 하지만, 라이베리아의 정치적 상황은 여전히 불안정해요. 그나마 2006년에 민주적인 선거를 치르고 나서 차차 안정을 되찾고 있어요.

이라크

2002년에 이라크는 세계에서 가장 많은 난민이 발생한 나라입니다. 적어도 40만 명의 이라크 사람들이 90개 나라에서 난민 또는 망명자로 살고 있어요. 20만 명 이상이 이란에 있고, 그 외 다른 사람들은 유럽과 미국으로 도망갔어요. 그들은 전쟁과 사담 후세인의 가혹한 정치를 피해 도망쳤어요. 사담 후세인은 2003년 12월에 미군에게 잡혀 포로가 되었죠.

선진국과 난민 신청

난민들은 예상과는 달리 선진국보다는 개발도상국으로 많이 가요. 그러나 선진국에 난민 신청을 하는 사람들도 많아요. 2002년에 난민 신청을 가장 많이 받은 선진 5개국은 영국(11만 700건), 미국(8만 1100건), 독일(7만 1000건), 프랑스(5만 800건) 그리고 캐나다(3만 3400건)입니다.

많은 사람이 선진국에 망명 신청을 한다.

망명이나 난민 신청을

잘 받아들이는 나라를 알 수 있는 또 다른 방법은 난민 신청자의 숫자를 그 나라의 인구와 비교해 보는 겁니다. 그러면 오스트리아가 가장 높은 순위에 있어요. 2002년에 오스트리아는 인구 1000명마다 4.6명의 난민 신청을 받았지요.

난민에 대한 정부의 대응

대부분의 정부는 난민 신청자에게 자기 나라에서 겪었던 탄압의 상황과 공포를 증명하라고 요구합니다. 세계에는 많은 난민을 받아들이는 나라도 있고, 그렇지 않은 나라도 있습니다. 또한, 어떤 나라들은 선택의 여지가 없지요. 만약 전쟁 지대와 국경선이 맞닿은 곳에 있는 나라라면, 사람들이 국경을 넘어오는 것을 막기가 어렵거든요.

그러나 근래에 들어, 여러 나라의 정부가 입국과 망명 신청 절차를 까다롭게 하고 있어요. 그들은 난민을 사회적 불안 요인이나 부담으로 봅니다. 2001년 9·11 테러 이후, 몇몇 국가들은 난민 신청자들의 권리를 제한하는 긴급 테러 방지법을 통과시켰습니다. 인권 단체들은 여러 국가가 난민을 보호해야 하는 의무를 지키지 않는다고 비난합니다.

망명 제도의 오용

몇몇 나라들은 취업을 위해 입국하려는 합법적인 이주자들의 수를 제한합니다. 탄압 또는 억압으로 도망친 것이 아닌 사람들도 망명 신청을 위장해 입국하기도 합니다. 때로는 일자리를 찾거나 돈을 벌려고 망명 신청을 이용합니다. 망명 제도에 대한 오용은 진짜 난민들이 보호받아야 할 때, 정작 보호받지 못하는 경우를 만듭니다.

우리 시대의 유명한 난민들

난민 출신 중에는 유명한 사람들이 많습니다. 물리학자 알베르트 아인슈타인, 정신분석학자 지그문트 프로이트, 철학자 한나 아렌트, 작가 이사벨 아옌데 그리고 영화배우 앤디 가르시아가 모두 한때 난민이었어요.

알베르트 아인슈타인

미리암 마케바(Miriam Makeba)

1950년대에, 가수 미리암 마케바(1965년에 그래미상을 수상했고, Malaika가 대표곡이다)는 고국인 남아프리카공화국에서 아파르트헤이트(Apartheid: 인종 차별 정책)에 반대하는 텔레비전 다큐멘터리에 출연했죠. 그 일로 그녀는 유럽과 미국에 초대되었죠. 그러나 남아프리카공화국 정부는 그녀가 외국으로 나가자마자 국적을 박탈하였고 귀국을 허락하지 않았습니다.

1963년에, 그녀는 국제연합(UN)에서 남아프리카공화국 정부의 아파르트헤이트 정책에 대해 증언하였습니다. 그러나 1968년에 급진적인 흑인 운동가와 결혼한 뒤, 미국 공연은 취소되었고 음반 계약도 취소되었어요. 그 후, 그녀는 아프리카의 기니로 이주했어요. 1990년대에 이르러 아파르트헤이트 체제가 끝나자, 미리암 마케바는 고향으로 돌아갈 수 있었어요. 미리암 마케바는 2008년 이탈리아에서 콘서트 중에 심장 마비로 세상을 떠났습니다.

달라이 라마(Dalai Lama)

달라이 라마(His Holiness the Dalai Lama Tenzin Gyatso)는 티베트인의 국가수반이자 영적 지도자입니다. 중국이 티베트를 침공했던 1950년에 달라이 라마는 15세의 나이로 티베트의 지도자가 되었습니다. 티베트인들은 중국인의 지배에 반대하였

달라이 라마는 1959년에 티베트를 탈출했다. 1989년에 인권에 대한 공로로 노벨 평화상을 받았다.

3. 강제 이주 **47**

고, 저항 운동은 전국으로 퍼져 갔습니다. 하지만, 봉기는 중국군에 의해 진압되었고, 달라이 라마는 정치적인 망명을 받아 준 인도로 갔습니다. 약 8만 명의 티베트인들도 그를 따라 외국으로 도피하여 난민이 되었어요.

에드워드 사이드(Edward Said)

에드워드 사이드는 예루살렘의 기독교인 가정에서 태어났어요. 1948년에 이스라엘이 건국되었을 때 에드워드 가족은 예루살렘을 떠나도록 강요받았고 이집트로 이주했습니다. 뒤에 그는 미국으로 갔는데, 그곳에서 대학교수가 되었죠.

여러 해 동안 그는 팔레스타인 사람들의 운동을 지지했던 대표적인 미국인이었습니다. 그가 지은 책은 26개국 언어로 번역 출간되었어요. 또한, 그는 14년 동안 팔레스타인 망명 의회의 주요 구성원이었어요. 그가 거침없이 내뱉은 솔직한 생각과 말들은 많은 적을 만들어 냈고, 계속해서 살해 위협에 시달렸습니다. 1985년에 유대인 방어 연맹(the Jewish Defence League: 유대인의 권리와 자산 등을 보호하기 위해 만들어진 단체)에 의해 나치로 불렸고, 대학교 안에 있던 그의 사무실이 방화로 불에 탔습니다.

그는 또한 예술 서적을 저술하였고 팔레스타인과 이스라엘의 젊은 음악가들로 구성된 오케스트라의 설립을 도왔습니다. 2003년에 세상을 떠났습니다.

난민 이야기

정치적인 이유와 자유의 탄압 때문에 나라를 떠날 수밖에 없었던 사람들이 있다. 티아완 공그루에와 골나즈의 이야기를 들어 보자.

티아완 공그루에는 라이베리아의 인권 변호사다. 그는 정부와 반군의 권력 남용에 대해 비판하였다. 그는 폭력에 대해 공개적인 발언을 했다는 이유로 라이베리아 당국에 의해 체포되었다. 그리고 그의 발언을 보도한 신문사는 폐쇄되었다. 체포된 그는 심하게 구타를 당해서 일어설 수도 없었다. 그는 병원에 입원했고, 병원에서 퇴원하면 다시 감옥에 갇혀 고문당할까 봐 두려워했다. 한 인권 단체가 그와 그의 가족이 라이베리아를 떠나도록 도와주었다. 그는 지금 미국에서 난민으로 살고 있다.

골나즈는 20세에 이란을 떠났다. 그녀의 아버지는 정치적인 활동 때문에 감옥에 갇혔다. 그녀와 함께 학교에 다니던 친구 한 명은 정치 신문을 판매한 이유로 총에 맞아 죽었다. 그녀의 이웃들은 처형되었다. 골나즈는 번번이 거리에서 검문을 당했고 희롱당했다. 이란에서는 젊은 여성이 젊은 남성과 함께 밖에 돌아다니는 게 허락되지 않기 때문에, 남동생과 함께 물건을 사러 나갔다가 경찰에 잡혀 심문을 당했다. 다행히 골나즈는 돈과 여권이 있었고 가족들도 그녀가 망명하는 데에 동의했다. 그녀는 스웨덴으로 갔고, 그곳에서 난민 지위를 얻었다.

4. 이주를 향한 여정

어떤 이들에게는 해외여행이 쉽고 즐거운 일입니다. 게다가 비행기는 합법적인 이주민들의 해외 이동을 쉽게 만들어 주었습니다. 그러나 탄압을 피해 도망치는 망명자들과 적합한 서류를 갖추지 못한 사람들은 더 큰 위험을 감수하고 여행을 떠나야 합니다.

새로운 나라를 향한 여정은 일부 이주민들에게 엄청난 고생길이다.

세계를 돌아다니는 인구가 늘어남에 따라, 이주는 매우 큰 사업이 되었습니다. 이주를 희망하는 사람에게 여행을 준비해 주고 때로는 일자리도 찾아 주는 회사와 사람이 생겼습니다. 그들 중에 일부는 합법적이지만 일부는 그렇지 않습니다. 인신매매 업자나 밀입국 중개인 같은 불법적인 사업자들과 함께 여행하는 것은 매우 위험할 수 있습니다.

밀입국

밀입국 중개인들은 사람들이 국경 검문소를 통하지 않고 타국으로 입국하게 해 주고 많은 돈을 챙깁니다. 그들은 사람들을 화물 트럭에 숨기고,

비행기는 국제 이주를 더욱 쉽게 할 수 있도록 도와준다.

위조 서류를 꾸며 주기니 출입국 관리 공무원을 매수하죠.

밀입국은 짭짤한 수익 사업입니다. 왜냐하면, 선진국들은 더 많은 노동자를 필요로 하지만, 합법적으로 입국할 기회는 매우 적기 때문입니다. 그래서 그런 일자리를 찾는 사람들은 입국하는 방법으로 밀입국을 선택합니다. 그래서 이게 아주 큰 사업이 된 것입니다. 러시아에만 약 45만 명의 미등록 이주자가 있는데, 그들 중 다수는 서유럽으로 가고자 합니다.

중국계 폭력 조직 '사두파(蛇頭派, snakeheads)'는 여러 국경에서 밀입국 통로를 운영하고 있습니다. 이것은 매우 위험할 수 있지요. 2000년에, 중국인 58명이 영국 도버의 한 트럭에서 시신으로 발견되었어요. 그들은 컨테이너 안에 갇혀 있는 동안 질식사했던 겁니다.

다른 폭력 조직들은 북아프리카에서 스페인으로 넘어가는 바

4. 이주를 향한 여정

매년 수천 명의 이주자가 위험을 무릅쓰고 밀입국한다.

닷길을 이용해요. 밀입국 중개인들은 마지막에 이주자들이 헤엄쳐서 바다를 건너도록 요구합니다. 적어도 200명의 이주자가 매년 이 과정에서 익사하는 것으로 추정됩니다.

인신매매

밀입국 중개인들은 다른 나라로 이주하고자 하는 사람들을 돕습니다. 인신매매 과정에서 사기나 폭력이 발생합니다. 인신매매범은 사람들을 위협하고, 납치하거나 속입니다.

매년 100만 명에서 200만 명의 사람들이 인신매매를 당합니다. 그리고 이들 대부분이 여성과 아이들이죠. 그들은 성(性) 산업에 종사하거나 가사 서비스와 그 밖의 다른 일자리에서 노예처럼 일해야 합니다. 그들은 학대당하고, 모욕당하고 또 착취당합니다. 인신매매범을 체포하는 것은 쉽지 않습니다.

 인신매매(Human trafficking)
사람을 가축처럼 다른 사람의 소유로 두어 사고파는 행위다. 가장 비인도적인 범죄 행위로 노예나 성매매 등이 포함된다.

왜냐하면, 피해자 대부분이 감금되어 있거나 저항할 힘이 없기 때문입니다.

멕시코에서 미국으로

미국과 멕시코 사이의 국경은 세계에서 가장 많은 사람이 넘나드는 곳입니다. 사람들은 사막을 가로질러 걷거나, 배수관을 통해 기어서 국경을 넘습니다. 또한, 작은 타이어 튜브를 타고 리오그란데 강을 건넙니다. 1998년과 2001년 사이에, 1500명 이상의 사람들이 미국으로 들어가려다가 죽었습니다. 그들 대부분이 열사병과 탈수 증세로 죽었습니다.

이런 식으로 강을 건너 국경을 건너도록 하는 밀입국 중개인들을 '코요테(Coyote)'라고 부릅니다. 그들이 요구하는 비용은 이주자가 단지 미국에 들어가기만 하면 되는지, 혹은 더 북쪽으로 갈 수 있도록 도와주어야 하는지에 따라 매우 다양합니다. 미국 정부는 미국 쪽 국경을 높은 담장과 헬리콥터로 삼엄하게 경비하고 있습니다. 그러나 미국과 멕시코의 국경이 매우 길어서, 잘 찾아보면 건너갈 수 있는 좀 더 외진 장소가 하나쯤은 있습니다.

2001년 9월 11일 테러 이후, 미국 정부는 불법으로 입국하다 잡힌 외국인들에게 더 가혹한 벌칙을 주고 있습니다.

안전을 위한 밀입국

모하메드는 탈레반이 그의 형을 강제 징집했을 때 아프가니스탄에서 도망쳤다. 그는 이란 쪽 국경으로 차를 타고 갔다. 그곳에는 탈출하려는 150여 명의 청년이 모여 있었다. 국경은 이란과 맞닿아 있었다. 그들은 터키를 향해 깊은 산속에서 3일 밤낮을 걸었다. 터키 국경에서 국경 수비대에 의해 많은 사람이 체포되었다. 모하메드는 걸어서 불가리아로 넘어가 그리스로 가는 기차에 몸을 숨겼다. 그는 여정의 마지막 단계를 위해 밀입국 중개인에게 돈을 냈다. 그는 사라예보로 가는 비행기에 몸을 실을 수 있었다. 그러고 나서 그는 트럭 뒤에서 몇 시간을 숨어 지냈다. 마침내 그는 영국에 도착하였고 망명 신청을 하였다.

인신매매의 피해자

루이사는 도미니카공화국에서 자랐다. 17세의 어린 나이였을 때, 아르헨티나 출신의 여성이 그녀에게 가사도우미 일을 제안했다. 루이사는 가난했기에 그 제안을 받아들일 수밖에 없었다. 그녀가 아르헨티나에 도착하자 그들은 그녀를 다른 소녀들이 묵고 있는 한 아파트로 데려갔다. 루이사는 그들이 매춘부로 일하고 있다는 것을 깨달았다. 그녀는 떠나려고 했으나, 비행기 삯이 루이사의 빚이고 그걸 갚아야 한다는 말을 들었다. 그녀는 심지어 집으로 전화할 여유도 없었다. 그녀는 매춘부 일을 강요당하였다. 루이사는 외부인이 도우러 들어왔을 때 구출되었다. 한 국제기구가 그녀를 집으로 돌려보냈고, 그녀는 보건 기관의 도움을 받아 건강을 회복하였다.

5. 전쟁과 이주

많은 사람이 전쟁으로 폐허가 된 나라에서 탈출합니다. 어떤 전쟁은 수년 동안 계속되어, 수많은 사람이 피란 보따리를 쌉니다. 오늘날의 전쟁은 50년 전의 전쟁과는 한참 다릅니다. 1, 2차 세계대전 때는, 사상자가 대부분 총을 멘 군인들이었습니다. 그러나 오늘날에는 죽고 다치는 사람들이 대부분 민간인입니다. 사람들은 전쟁이 불러온 폭력과 인권 학대로부터 피하고자 합니다. 또한, 전쟁

민간인(Civilian) 군대에 속해 있지 않은 사람

은 필연적으로 가난과 굶주림을 불러옵니다. 전쟁이 나면, 농작물은 황폐해지고 사업장은 강제로 문을 닫을 수밖에 없습니다. 그래서 사람들은 떠날 수밖에 없습니다.

오늘날 전쟁의 대부분은 내전입니다. 내전이란 나라들끼리 전쟁을 하는 게 아니라 한 나라의 내부에서 벌어지는 전쟁이지요. 특히 전쟁은 가난한 나라에서 집중적으로 일어나고 있습니다.

그 나라들은 대개 민주주의라고는 찾아볼 수 없고 독재자가 집권하고 있는 경우가 많습니다. 가난, 불평등 그리고 한정된 자원을 둘러싼 경쟁이 있는 한, 전쟁은 계속 일어나고, 난민도 점점 더 늘어날 것입니다.

피란*

전쟁이 일어나면 피란민들이 가장 큰 피해를 봅니다. 종종, 그들은 아무런 경고도 없이 집을 비워야 하고, 모든 재산을 잃어버립니다. 그들은 어떻게 피란하고 어디로 가야 할지 선택의 여지가 없습니다. 그들은 대부분 멀리 가지도 못하고, 겨우 가장 가까운 국경을

전쟁은 마을과 도시를 황폐하게 만들고, 사람들을 떠나게 한다.

---

* **피란** 본문에서 피란과 피난, 피란민과 피난민을 구분하여 썼습니다. 표준국어대사전에 근거하여 전쟁이나 병란, 내전 등의 난리를 피한 것에는 '피란'과 '피란민'을 뜻밖의 재앙이나 고난을 피하는 것, 즉 자연재해나 정치적, 종교적 이유 등에는 '피난'과 '피난민'을 썼습니다.

넘어 안전지대로 갈 뿐입니다.

  종종 피란 그 자체가 위험이기도 합니다. 예를 들어, 내전 때문에 약 6만 5000명의 수단 난민들이 2002년에 차드 동부 지방으로 피란했습니다. 그들은 여러 날을 두 발로 걸어 피란했습니다. 난민들의 건강 상태는 날로 악화되었습니다. 하필이면 우기에 피란했기 때문에, 그들은 폐렴과 다른 질병에 노출되어 고생했습니다. 또한, 그들은 전투기 사격의 표적이 되기도 하였습니다.

  어떤 난민들은 더 멀리 피란 가기도 합니다. 2001년에 아프가니스탄 사람들은 브라질, 쿠바, 싱가포르 등 전 세계 적어도 76개국에 난민 신청을 했습니다. 많은 사람이 피난처를 찾아 유럽으로 갔습니다.

난민 캠프

  전쟁을 피해 피란 온 수백만 명의 난민들은 결국 이웃 나라의 난민 캠프에 들어갑니다. 어떤 난민 캠프는 임시로 지어진 것이고, 공식적으로 인정되지 않는 것일 수 있습니다. 보통 정부와 구호 단체들은 유엔난민기구(UNHCR)와 함께 난민 캠프를 세우고 운영합니다. 식량, 식수 그리고 잠자리가 공급됩니다. 장기 캠프에서는 난민들이 좀 더 자립적으로 살 수 있도록 기획 사업을 운영합니다.

난민 캠프가 언제나 안전한 것은 아니다. 특히 여성과 아이들이 학대당할 수 있다.

몇몇 난민 캠프들이 매우 잘 조직된 데 반해, 어떤 난민 캠프들은 빈곤의 중심지 노릇을 할 뿐입니다. 난민 캠프로 온 사람들은 대부분 그들이 입고 있는 옷 말고는 가진 게 아무것도 없는, 여성과 아이들입니다. 그들은 주로 텐트에서 생활합니다. 어떤 사람들은 난민 캠프에서 수십 년을 보내기도 합니다. 어린 나이에 파키스탄 난민 캠프에 도착하여 어른이 된 아프가니스탄 사람들도 있습니다.

난민 캠프는 군대의 목표물이 될 수도 있습니다. 어떤 난민 캠프에는 법과 질서가 확립되지 않았습니다. 때때로 난민 캠프가 있는 나라들은 난민 캠프에 제한적인 지원만 하고, 그곳을 폐쇄하려고 합니다.

난민에게는 세 가지 길이 있습니다. 고향으로 돌아갈 날만 손꼽아 기다리며 난민 캠프에서 계속 사는 것, 그 나라에서 자유로이 살도록 허락을 받는 것, 아니면 다른 안전한 나라로 떠나도록 도움을 받는 것입니다.

난민 캠프에서의 삶

아르메니아와 아제르바이잔이 충돌한 결과, 아제르바이잔의 국경 안에는 75만 명의 난민들이 살게 되었습니다. 두 나라는 난민들의 고향인 작은 땅, 나고르노 카라바흐(Nagorno Karabakh)의 통제권을 놓고 싸우고 있어요.

캠프의 환경은 정말 지독합니다. 길은 비포장도로에 집은 죄다 임시 오두막, 즉 텐트처럼 생긴 집이에요. 겨울이 되면 캠프의 길이 진흙투성이가 되고, 오두막도 난민들이 쓰레기 더미를 샅샅이 뒤져서 찾은 골함석(슬레이트) 같은 형편없는 재료로 만들었지요.

건물마다 사람들이 빼곡할 정도로 정원 초과에, 상수도나 하수도 설비는 아예 없습니다. 전기도 수시로 들어왔다 나갔다 하죠. 아이들은 학교 근처에도 가지 못해요. 의료 시설도 거의 없습니다. 설사 증세가 만연해 있고 많은 사람이 영양 결핍으로 병에 걸려 누워 있습니다.

철도역에 있는 한

난민 캠프의 환경은 열악하다. 대개 수용 인원 초과에다가 법과 질서도 없는 곳이다.

난민 캠프에서는 400명이 녹슬고 낡은 화물 열차 칸에서 살고 있어요. 그리고 그 화물 열차는 한낮의 태양 아래서 타는 듯이 뜨거워지지요. 그들은 어느 날 기차가 화물 열차 칸을 연결할 것이고, 그럼 그 기차는 자신들을 집으로 데려다 줄 것이라고 믿으며 살고 있습니다. 하지만, 어떤 난민들은 그 캠프에서 7년 동안 지내 왔습니다.

탄자니아: 수많은 난민의 피난처

탄자니아는 전쟁 중인 여러 나라의 이웃 국가예요. 이곳은 7년 넘게 수십만 난민들의 피난처가 되어 왔습니다.

30만 명의 부룬디인들이 내전 중인 나라를 도망쳐 탄자니아로 왔습니다.

콩고민주공화국에서 벌어진 분쟁 속에서 탈출한 12만 명의 난민들도 탄자니아에 있습니다.

1990년대에, 50만 명의 르완다인들이 탄자니아로 탈출했고, 일부는 현재 고향으로 돌아갔습니다.

이처럼 수많은 난민을 수용하기 위

수십만 명의 부룬디인이 탄자니아로 피란했다.

해 탄자니아에 큰 난민 캠프가 여러 개 세워졌어요. 그러나 탄자니아는 나름의 문제를 안고 있었죠. 가뭄과 홍수로 나날이 식량이 부족해졌어요. 게다가 난민들까지 들어와서 식량을 소비하니까 탄자니아 주민이 먹을 식량이 더 부족해졌지요. 그러자 굶주린 주민은 모든 것을 난민 탓으로 돌리고 그들을 증오하게 되었지요.

소년병

전 세계에 걸쳐 소년병이 약 30만 명이나 있어요. 그들은 강제로 정부군이나 반란군에 입대했는데, 그곳에서 심한 학대를 받고 있어요.

어떤 소년들은 전투가 싫어 나라를 탈출하기도 해요. 또 어떤 소년들은 어쩔 수 없이 전투에 참가한 뒤 탈출하려고 애를 쓰지요. 그들은 특별한 보호가 필요하지만, 그들의 힘만으로 안전한 도피처를 찾는 것은 굉장히 어려운 일이에요.

시에라리온에서는 아이들이 강제로 군인이 되어 각종 내전에 참여한다. 그들 중 일부만이 탈출하여 새 삶을 시작한다.

징집 피하기

모든 나라는 전쟁이 났을 때 시민에게 군대에 들어오라고 요구할 권리가 있어요. 이것을 징집이라고 해요. 그러나 시민이 그 전쟁이 잘못된 전쟁이라고 믿는다면 징집을 거부할 권리도 있어요. 예를 들어 평화주의자는 전쟁에 참여하는 군대에 들어가지 않으려고 합니다. 이런 사람들을 양심적 병역 거부자라고 불러요. 어떤 나라에서는 양심적 병역 거부자를 처벌합니다. 심지어 어떤 이들은 죽임을 당하기도 해요. 양심적 병역 거부자라는 이유로 탄압을 받는 사람들은 다른 나라에 망명을 신청할 수 있습니다.

> **징집, 징병제(Conscription)**
> 국가가 법률로 국민에게 병역 의무를 부과하여 일정 기간 강제로 군대에 보내는 것

전쟁 범죄자들

전쟁 중에는 잔인한 범죄가 자주 생겨요. 국제연합(UN)은 전쟁에서 할 수 있는 일과 해서는 안 되는 일을 설명한 협정을 만들었어요. 그런데 이 협정은 잘 지켜지지 않아요.

전시에 범죄를 저지른 사람을 전범이라고 합니다. 만일 그들의 편이 진다면, 그들 중 일부는 달아나요. 종종 평범한 난민으로 위

장하고 도망치죠. 르완다 전쟁이 끝난 뒤에, 잔혹한 범죄를 저지른 사람들이 주변 국가의 대규모 난민 캠프에 들어가서 살고 있었지요. 그런 사람들을 찾아내서 법정에 세우기 위해 노력해야 해요. 전쟁 범죄자들을 난민으로 불러서는 안 돼요.

피란민의 권리

몇몇 정부는 선생을 피해 피란하는 시민들을 난민으로 볼 수 있는지 의문을 던진다. 난민을 정의한 1951년 제네바 협정은 그들을 포함하지 않고 있다. 그러나 유엔난민기구(UNHCR)는 만일 그들의 나라가 그들을 보호할 의지나 능력이 없다면, 피란민을 난민으로 간주해야 한다고 말한다.

난민 지위를 유지하기 위해서, 그들은 국민으로 남아 있어야 한다. 피란하고 난 뒤 그들의 고국에 대해 맞서 싸우려고 무기를 든 사람들은 난민이 아니라 군인으로 여긴다.

난민 캠프는 구호 단체에 의해 운영되며, 유엔난민기구(UNHCR)는 전쟁 범죄자들이 아니라 진짜 난민들을 돌본다.

6. 인종, 민족 그리고 이주

대부분의 영국 학교에서 학생들은 다양한 민족으로 구성되어 있다.

오늘날, 거의 모든 나라의 인구는 서로 다른 인종과 다양한 민족으로 구성되어 있습니다. 많은 경우, 한 나라 인구의 3분의 1 이상이 소수 민족들로 이루어지기도 해요.

민족 갈등의 정치적 이용

서로 싸우고 갈등하는 민족도 있지만, 일반적으로 민족끼리 평화롭게 어울려 사는 모습이 훨씬 더 많습니다. 그러나 정치 지도자들은 더 많은 권력을 얻으려고 일부러 민족들 간에 증오와 싸움을 부추깁니다. 정치가들은 자신들의 권력을 지키려고 다른 민족이 자기 민족을 위협할 거라며 일부러 불안감을 불러일으킵니다. 이렇게 그들은 민족 갈등을 정치적으로 이용합니다. 또한, 몇몇 국가는 소수자 집단의 인권을 무시하기도 해요. 소수자들은 여행이나 개인 재산 소유, 특정 직업을 가질 자유, 교육을 받을 권리 등을 누리지 못하고 배제당하기도 합니다.

국가의 총 인구에서 민족, 인종 또는 민족별 소수 집단이 차지하는 비율

50% 이상	아프가니스탄, 인도, 인도네시아, 이란, 카자흐스탄, 페루 그리고 여러 아프리카 국가들
30%~50%	방글라데시, 벨기에, 브라질, 콜롬비아, 자메이카, 멕시코, 모로코, 말라위, 말레이시아, 모잠비크, 파키스탄, 태국, 우크라이나, 베네수엘라
10%~29%	캐나다, 러시아, 사우디아라비아, 남아프리카공화국, 스페인, 스웨덴, 미국, 베트남, 짐바브웨
10% 이하	아르헨티나, 오스트레일리아, 중국, 이집트, 일본, 영국, 그리고 여러 유럽 국가들

> **인종주의(Racism)** 피부색처럼 각 인종의 생물학적·생리학적 특징에 따라 계급이나 민족 사이의 차별과 억압을 합리화하는 비과학적인 사고방식
>
> **대학살(Genocide)** 특정 민족 집단이나 국민 집단에 속한 모든 사람을 죽이는 것

인종주의와 민족 갈등은 대규모 박해, 잔혹 행위, 내전 그리고 심지어 대학살을 유발합니다. 대학살은 특정 집단에 속한 모든 사람을 죽이는 것이죠. 인종이나 민족 때문에 무고한 사람들을 탄압하는 나라는 우간다, 버마(미얀마), 인도네시아 그리고 러시아예요. 이런 상황 속에서 많은 사람이 안전한 곳을 찾아 다른 나라로 탈출하죠.

핍박을 피해서

소수 민족 차별과 인종적 폭력으로부터 도망친 사람들이 다른 나라로 건너가서 항상 안전한 곳을 찾는 것은 아니에요. 예를 들어, 코소보를 탈출한 로마인(집시)들은 많은 나라의 적대와 편견에 시달렸어요.

민족적인 박해가 아닌 다른 이유로 이주한 사람도 자신의 인종이나 민족 정체성 때문에 이주한 나라에서 위험에 빠질 수 있습니다. 코트디부아르는 이주자들의 나라입니다. 국민의 약 4분의 1이 다른 나라에서 왔거나 이주자의 후손들이에요. 그러나 2002년부터 이주자들은 계속 폭력과 학대에 시달려 왔어요. 몇몇 유

럽 국가에서는 극우파와 인종주의 단체들이 정치적 인기를 얻으려고 일부러 이주민에 대한 공포를 불러일으켰습니다.

멀리 보았을 때, 이주는 모든 나라의 문화를 다양하고 풍요롭게 만들어 줍니다. 이주 덕분에 우리는 다양한 배경을 가진 많은 사람을 만나게 될 것입니다. 그리고 언어, 문화, 민족 집단 간의 전통적인 경계는 점차 사라질 거예요.

인종주의가 불러온 비극적 이주

부탄의 네팔 민족 추방

1990년대 초반, 부탄 정부는 10만 명 이상의 사람들을 강제로 쫓아냈다. 대부분은 네팔 민족이었다. 부탄 정부는 네팔 민족이 부탄 국민이 아니라고 선언하면서 국적을 박탈했다. 이것은 현대사에서 가장 큰 민족 추방이었다. 난민들은 그 후 네팔 남동쪽에 있는 수용소에서 살고 있다.

르완다의 계획된 대학살

1990년대 중반, 후투족 정부에 있던 극단주의자들이 권력에 반대했던 투치족과 후투족을 학살하였다. 1994년 6주 동안 특수 훈련을 받은 군대와 민병대가 80만 명을 학살하였다. 2년에 걸쳐, 200만 명에 가까운 르완다 사람이 주변 국가들로 탈출하였다.

이라크의 쿠르드족 집단 박해

23년 동안, 사담 후세인은 경비대와 군대를 이용해 이라크 북부에 있는 쿠르드족을 투옥하고 고문했다. 그는 또한 시아파와 다른 소수 집단을 박해하였다. 1988년에 이라크군은 쿠르드 마을인 할라브자에 최루 가스와 신경가스 폭탄을 투하하여 적어도 5000명을 죽였다. 2003년에는 50만 명 이상의 이라크인들이 해외로 도피하여 살고 있다.

보스니아 헤르체고비나의 인종 대청소

 인종 청소(Ethnic cleansing)
박해와 살해를 통해 한 민족 집단을 없애 버리는 것

세르비아계 군대는 보스니아 헤르체고비나 다민족 공화국에서 '인종 청소'라는 이름으로 학살, 테러, 강간을 저질렀다. 나중에, 보스니아 이슬람교도들과 크로아티아계 군대들 역시 잔혹 행위를 저질렀다.

가장 비극적인 사건은, 세르비아계 군대가 1995년 6월에 스레브레니차라는 작은 마을에서 보스니아 이슬람교도 남성 7000명을 살해한 것이다. 많은 난민이 다른 나라로 탈출하였다.

인종주의가 불러온 박해로 많은 난민이 어려운 생활을 하고 있다.

7. 정치와 이주

사람들은 경제적으로 더 나은 생활을 위해 이주해요. 경제적인 안정과 부는 민주주의가 발달한 나라에서 더 많이 볼 수 있습니다. 그런 이유로 사람들은 국민에 의해 선출된 정부가 있는 나라들로 향합니다. 그러나 이게 이주의 모든 이유는 아닙니다. 어떤 사람들은 정치적인 상황이 안정적이지 않은 나라로도 이주합니다.

한편, 망명 신청자들은 정치적인 이유로도 도피합니다. 그들은 독재 국가나 정치 체제가 부패한 나라에서 떠나도록 강요받아요. 일부는 정치 지도자지만 모두가 정치가들은 아닙니다. 그들은 갑자기 불법화된 야당의 당원이

정치적 의사 표현을 위해 광장에 가득 모인 사람들

거나, 또는 평화로운 항의에 참여했다가 체포당했을 수도 있어요.

 몇몇 나라에서 선거를 치르지만 조작되는 일도 많아요. 정부가 원하지 않는 방식으로 투표하거나 투표를 하지 않았다는 이유로 공격받거나 심지어 투옥될 수도 있어요. 가끔, 정치 활동가와 관련 있다는 이유로 그 가족 구성원들이 박해받기도 합니다. 여성들은 그들의 남편이 투옥, 살해되거나, 행방불명되면 종종 다른 나라로 도피해야 합니다.

짐바브웨의 정치적 망명가들

지난 수십 년간, 짐바브웨 사람 수천 명이 로버트 무가베 대통령이 다스리는 억압적인 정권을 피해 도망쳤다.

로버트 무가베 대통령은 짐바브웨를 20년 이상 통치해 왔는데, 그는 강력하고 무자비한 지도자여서 그의 권위에 도전하거나 정치적 반대를 하면 절대 가만히 있지 않았어요.

 2002년에, 짐바브웨 정부는 야당 지지자들을 대대적으로 탄압하라는 명령을 내렸습니다. 정부가 주도하는 폭력이 농촌에서 시작해 마을과 도시로 퍼져 갔어요.

수백 명이 구타와 고문을 당했다고 주장했어요. 정부는 정치적 반대자로 여겨지는 사람들이 식량 공급을 받지 못하도록 차별했죠. 나라 밖으로 망명을 신청하는 사람들 가운데 많은 사람이 정치 활동가였어요.

자유를 찾아 떠나는 중국인들

최근 몇 년 사이, 중국은 세계 경제를 이끄는 주요 국가가 되었어요. 그러나 중국 정부에 대한 정치적 반대자들은 공정한 재판 없이 감옥에 갇히고 있습니다. 수백 명의 사람들이 매년 사형되고 있어요. 정부 당국은 인터넷 검색 엔진을 차단하고, 언론사를 폐쇄하고, 언론인을 괴롭히고 있지요. 또한, 위성 전송 기술에 대한 통제를 강화하고, 학자들과 시민운동가들의 일을 방해했습니다.

2002년에, 어떤 사람이 인터넷을 통해 '반혁명적인' 전단을 내려받아 책자로 펴냈다는 죄목으로 11년 형을 선고받았습니다. 이런 이유로 점점 많은 사람이 중국을 탈출하고 있어요. 2000년에는 1만 8000명의 중국인이 유럽으로 망명 신청을 했습니다.

동티모르의 독립 투쟁

호세 라모스 호르타는 자신의 신념 때문에 오랜 세월 타국에서 망명 생활을 했던 정치 지도자예요. 동티모르에서 태어나, 젊은 시절 언론사에 종사했고, 또 정치에 참여했어요.

동티모르는 몇백 년 동안 포르투갈의 식민지였습니다. 그는 독립운동 지도자 중의 한 사람이었죠. 1974년에 포르투갈이 물러가자, 그는 독립 정부에서 장관이 되었습니다.

다음 해, 그가 해외에 나가 있는 동안, 인도네시아가 동티모르를 침략했습니다. 그는 돌아갈 수 없었어요. 그 후로 23년 동안 망명해 있으면서 인도네시아의 동티모르 점령을 공개적으로 비판해 왔어요. 독립을 위한 동티모르인의 투쟁은 1991년 발생한 산타쿠르즈 대학살로 국제 사회에 알려지게 되었습니다. 그는 국제연합(UN)으로 가서 평화 계획이 시행되는 것을 도왔고, 그 일로 1996년에 노벨 평화상을 받았습니다.

2002년 5월에 동티모르는 독립국이 되었습니다. 인도네시아의 불안한 정치 상황 때문에 동티모르의 독립은 급물살을 탔지요. 라모스 호르타는 독립 동티모르의 외무장관이 되었습니다. 마침내 그는 고국으로 갈 수 있었죠.

정치인으로 성공한 이주자들

이주자들은 이주한 뒤에도 여전히 출신국의 정치에 관심을 둔다. 어떤 이주자들은 출신국의 정치 변화를 위한 운동에 적극적으로 참여하기도 한다. 그러나 일부는 새로 이주한 나라에서 정치인이 되기도 한다.

스타 영화배우 아널드 슈워제네거가 좋은 예다. 그는 오스트리아의 어느 외딴 마을에서 태어났다. 더 나은 삶을 위해 보디빌딩에 전념했고, 그 분야의 세계 챔피언이 되었다. 하지만, 그의 목표는 미국으로 가서 영화배우가 되는 것이었다. 23세 때인 1970년에 미국으로 건너가 주연 배우가 되었다. 그리고 최고의 할리우드 스타가 되기 위해 노력했다. 1984년에 미국 시민권을 얻은 그는 2003년에 캘리포니아 주지사에 당선되었다.

또 다른 예는 매들린 올브라이트인데, 그녀는 1997년에 미국 최초로 여성 국무장관이 되었다. 국무장관은 미국 행정부에서 막중한 자리다.

이주자 출신 매들린 올브라이트 미국 전 국무장관

그녀는 1937년에 체코슬로바키아에서 태어났다. 그녀의 가족은 나치의 집권을 피해 영국으로 피난하였다. 그녀의 아버지가 가족들을 위해 망명 신청을 해서, 11세에 미국에 도착했다. 성인이 되어 그녀는 미국 시민권자가 되었다.

그러나 아널드 슈워제네거는 물론이고 매들린 올브라이트도 미국 대통령은 될 수 없다. 현재 미국 헌법에 의하면 미국 대통령이 되려면, 미국에서 태어난 미국 시민권자여야 한다.

8. 종교와 이주

수 세기 동안, 종교는 인류의 이동에 따라 전 세계로 퍼져 나갔이요. 유대인들은 수백 년 동안 교역을 하며 떠돌아다녔지만 핍박을 받으며 전 세계 이곳저곳에 퍼져 살았습니다. 제2차 세계대전 때, 독일 나치 정권은 유대인 약 600만 명을 학살했습니다. 겨우 수천 명만이 다른 나라로 달아날 수 있었지요.

유대인은 이스라엘을 건국하고 나서 전 세계에 있는 유대인들에게 이스라엘로 이주할 것을 장려하고 있어요. 종교는 여전히 이주에 큰 영향력을 행사합니다. 예를 들면, 9·11 테러 이후, 이슬람교도에 대한 적대감이 커지고 있어요. '이슬람 혐오증'으로 알려진 이 적대감은 몇몇 나라에서 이슬람교도 이주자에 대한

이슬람교의 예배당인 모스크의 모습

폭력으로 이어졌어요.

시크교를 믿는 사람들은 전 세계 많은 지역에 있다. 시크교는 인도에서 유래되었다.

인도에서 가장 큰 종교 집단인 힌두교는 전 세계로 퍼졌다.

안전한 피난처 찾기

베트남의 외딴 고산 지대에 사는 소수 민족 1000여 명은 2001년에 캄보디아로 도피했어요. 그들은 베트남 정부가 민족적, 종교적 소수자들을 탄압해 왔다고 주장하고 있어요. 산지인(Montagnards)으로 알려진 고산 지대 사람들은 대부분 기독교도입니다. 베트남 정부는 그들의 농경지를 빼앗고 인권을 짓밟았습니다. 심지어 사람들이 모이는 것을 막으려고 크리스마스 예배도 금지했어요.

종교의 자유를 찾아 떠난 사람들

세계 인권 선언 제18조는 모든 사람은 사상, 양심 및 종교의 자유에 대한 권리를 가진다고 말하고 있다. 또한 누구에게나 종교상의 예배를 드릴 권리 또는 다른 사람과 함께 예배할 권리, 종교를 바꿀 수 있는 권리가 있다.

오랜 세월에 걸쳐 많은 사람이 종교적인 믿음 때문에 자기 나라를 떠나야 했다.

- 2003년, 방글라데시에서 종교적 또는 정치적인 배경 때문에 박해받았다고 주장하는 수천 명의 힌두교인들이 인도로 도피했다.
- 세르비아인의 침략 기간에 수천 명의 보스니아 이슬람교도들이 학살되었거나 고향에서 쫓겨났다. 나머지 사람들도 떠돌이 신세가 되었다.
- 이란에서 유대인, 바하교인, 수피교도들은 종교적 박해를 받아왔다. 그들 중 일부는 이란을 떠났다.
- 1991년에 미국이 아프가니스탄을 폭격하는 동안, 작은 시크교 공동체의 구성원들은 신성한 경전을 안전하게 보관하려고 파키스탄으로 피란했다.

공동체 다시 세우기

1920년대에 베를린에는 17만 명의 유대인이 살았습니다. 그러나 1989년 베를린에는 유대인이 6000명밖에 없었어요. 이제 그 수는 두 배가 되었습니다. 유대인 공동체는 세계에서 가장 빠르게 성장하고 있지요. 베를린에 있는 유대인 대부분은 구소련에서 왔어요. 그들은 망명을 신청할 필요가 없습니다. 그들에게 필요한 것은 구소련 정부가 발급한 '유대인'이라고 쓰인 신분증 하나면 됩니다. 베를린의 옛 유대인 구역은 다시 번성하고 있어요.

그러나 반(反)유대주의자들의 공격이 계속 일어나고 있어요. 그래서 경찰은 유대인 예배당과 유대인 상점들을 보호하고 있어요.

제2차 세계대전 후, 많은 유대인이 고향을 떠나서 이스라엘로 이주했다.

강제 귀환

버마(미얀마) 군사 정부는 소수 종교 집단들을 처리하는 방식 때문에 비난을 받아 왔어요. 1990년대에, 이슬람교를 믿는 약 25만 명의 로힝야족 난민들은 종교적 박해를 피해서 방글라데시 국경을 넘었습니다. 그들은 땅을 빼앗기고 강제 노동을 당했다고 주장했습니다. 로힝야족은 커다란 난민 캠프에 수용되었죠. 국제연합(UN)이 도우려고 나서자 많은 사람이 버마(미얀마)로 돌아갔어요. 그러나 일부 사람들은 개선된 게 없다면서 방글라데시로 되돌아갔습니다. 2003년까지, 2만 명의 로힝야족 난민은 매우 어려운 수용소 생활을 견디고 있었어요. 그러나 방글라데시 정부는 로힝야족 난민 전부를 돌려보내려고 난민 캠프를 폐쇄해 버렸어요.

어떤 나라에서는 경찰이 종교적 소수자를 보호해 줄 필요가 있다.

9. 여성과 이주

여성 이주자들은 학대와 착취를 당할 위험이 크다.

오늘날, 여성들도 다른 나라로 많이 이주합니다. 과거에는 여성들이 다른 나라로 이동할 때는 가족이 보호자로 동행했습니다. 남자들은 가족의 생계를 책임지려고 노력했죠. 현재는 점점 더 많은 여성이 혼자서 이동하거나 가족의 생계비를 벌기 위해 이동하고 있어요.

국제 이주민의 거의 절반이 여성들이에요. 몇몇 지역에서 이 수치는 더 높게 나타나요. 예를 들면 아시아에서 해외로 일하러 가는 이주자는 대개 여성들입니다. 1999년, 전체 스리랑카 출신 해외 이주노동자의 약 65% 정도가 여성이있습니다. 필리핀에서도 해외로 일하러 가는 이주자의 약 70%가 여성입니다.

이주 여성의 경제 활동

이주는 여성들에게 긍정적인 경험이 될 수 있어요. 일자리를 얻는다면 자립할 수 있으니까요. 직업 훈련을 받거나 자격증을 얻게 될 수도 있어요. 또 기술을 연마하고 경제적으로 자립할 수 있는 능력을 키울 수 있습니다. 그러나 이게 항상 좋은 것만은 아닙니다. 일반적으로 여성들이 남성들보다 더 낮은 임금을 받기 때문이죠. 여성들을 위한 일자리는 대개 남성들보다 열악한 노동 환경과 저임금의 일자리가 많습니다. 여성들은 흔히 출장 요리 서비스나 가사 서비스 분야에서 일자리를 얻습니다. 그 업종은 정부의 관리 감독을 거의 받지 않고 노동조합도 없습니다. '가정부 무역'은 여성 이주의 주요한 영역입니다. 2002년, 150만 명에 이르는 여성들이 외국인 가정부로 일하고 있어요.

전체 국제 이주자들의 거의 절반은 여성이다.

다른 이주자들처럼, 일하는 여성들은 뒤에 남은 가족들을 돕기 위해서 돈을 부쳐요. 고국과 해외에서 일부 여성들은 이익을 창출하는 사업을 시작하고 있어요. 이탈리아에서 모로코 여성들은 고국과의 무역망을 만드는 데 바빠요. 여성들은 고국의 경제에 중요한 공헌을 하고 있죠.

여성 난민

전 세계 난민의 약 절반이 성인 여성과 여자아이들입니다. 대개는 전쟁 때문에 고향을 떠나야 했지요. 나머지는 억압적인 정부를 반대하는 정치 활동가들이에요. 몇몇은 친척의 정치적 태도 때문에 위험에 빠져 있어요. 때때로 여성들은 다른 이유로 박해를 받아요. 왜냐하면 자신의 의사와 상관없이 준비된 결혼을 거부하거나, 폭력을 휘두르는 남편을 떠나거나, 금지된 옷을 입었다는 이유로 박해를 받거든요. 사회에서 통용되는 많은 법과 문화적

전쟁의 공포, 정치적 탄압과 박해 때문에 여성들은 고향을 떠나 피난을 간다.

관습이 여성의 기본 인권을 인정하지 않고 있어요. 여성들은 남성들이 경험하는 형태의 인권 유린을 똑같이 겪는 것은 물론이고 강간 같은 특별한 형태의 학대로 더 큰 상처를 입지요. 인권을 유린당한 여성은 대부분 안전한 나라로 가는 데 필요한 돈이 없어요. 그래서 파렴치한 인신매매 업자와 밀입국 중개인들에게 사기당하거나 착취당하는 여성이 많아요.

전쟁 중인 국경 지역에 있는 난민 캠프에는 남성들보다는 여성들과 아이들이 더 많아요. 그곳에서 여성들과 아이들은 건강을 잃기 쉬워요.

여성 인신매매

매년, 200만 명에 이르는 여성과 아이들이 인신매매 업자의 희생양이 되고 있습니다. 인신매매 네트워크는 전 세계로 퍼져 있어요. 나이지리아에서 이탈리아, 필리핀에서 한국, 코소보에서 벨기에 그리고 라오스에서 태국과 오스트레일리아까지.

여성들은 빚, 마약, 협박, 감금 등의 수단에 의해 통제당해요. 그들이 탈출에 성공하면, 어떤 때에는 정부 당국이 그들을 미등록 이주자로 보고, 그들이 왔던 나라로 강제 추방해 버려요.

소말리아 난민에서 세계적인 모델로

와리스 디리는 소말리아 사막의 한 유목민 부족에서 성장했다. 아버지가 와리스보다 나이가 훨씬 많은 남자에게 시집을 보내겠다고 하자 와리스는 도망쳤다. 와리스는 수도 모가디슈에 있는 언니에게 갔고, 런던 주재 소말리아 대사관에서 가정부 일자리를 얻었다. 와리스는 영국에서 4년 동안 새벽에 일어나 잠자리에 들기 전까지 요리와 청소를 했다.

대사가 소말리아로 돌아갈 때, 와리스는 몸을 숨기고 런던에 머물렀다. 패스트푸드 식당에서 일하는 동안 와리스는 모델로 취업하였고, 이것이 국제적인 경력의 첫 출발이었다. 와리스는 지금 여성 문제를 쟁점으로 한 캠페인을 벌이고 있다.

10. 아이들과 이주

아이들은 어른들과는 조금 다른 이유로 타국에 갑니다. 보통은 어머니나 아버지가 외국으로 일하러 가기 때문에 따라 가지요. 어떤 아이들은 외국 학교에서 공부하려고 혼자서 외국으로 갑니다. 그곳에서 친척들과 함께 지내면서 학교에 다니지요. 어떤 아이들은 폭력과 박해에서 탈출하는 가족을 따라 외국으로 가기도 합니다. 또한, 어떤 아이들은 혼자 힘으로 고국을 떠나야 합니다. 그리고 어떤 아이들은 인신매매 업자에게 잡혀, 집에서 멀리 떨어진 곳에서 끔찍한 조건으로 노동을 강요당합니다.

어떤 아이들은 자기 나라를 도망쳐서 아는 사람이 한 명도 없는 먼 나라로 여행해야 한다.

아동 이주자

많은 이주 아동들은 돌보아 줄 보호자와 같이 합법적으로 입국합니다. 가족들은 보통 함께 이주합니다. 어떤 경우에는 어른 한 명이 먼저 오고 나서, 나머지 가족들이 뒤따라오기도 합니다. 어떤 국가는 정착한 이주자에게 친척들을 합류시키는 '가족 재결합' 정책을 운영합니다.

아동 난민

전 세계 난민 중 거의 절반이 아이들입니다. 어떤 아이들은 부모님과 함께 있지만, 일부는 그렇지 못해요. 그리고 혼자 힘으로 탈출한 아이들 모두가 난민 신청에 성공하는 것은 아닙니다. 캐나다에서는 망명을 요청하는 아이들의 약 절반만이 난민 지위를 받아요. 그러나 유럽에서는 단지 5%만이 난민으로 인정받고 있어요. 난민 지위가 거부된 아이 중 일부는 인도주의적인 이유로 머무는 것이 허용되기도 해요. 몇몇 정부와 인도주의 기관들은 아이들이 뿔뿔이 흩어진 가족들과 다시 만나 함께 살도록 돕고 있어요. 많은 나라에서 가족과 함께 살 권리를 중요하게 다루고 있지요.

어린 난민에서 웹 사이트 개발자로

시엥 반 트란은 1979년에 가족과 함께 작은 보트를 타고 베트남을 떠났다. 그때, 트란은 세 살배기였다. 트란의 가족들은 싱가포르의 한 난민 캠프에서 2년 동안 살았고, 나중에 런던으로 가서 난민 지위를 인정받았다.

트란은 학교에 다녔다. 처음에는 적응하기가 어려웠지만, 영어를 배우고 나자, 학교생활이 더 나아졌다. 트란은 대학에 들어갔고, 인공 지능을 공부했다. 트란은 그곳에서 사람들이 시간과 장소에 구애받지 않고 자기 속도에 맞추어 학습할 수 있는 웹 사이트를 생각해 냈다. 여러 달 걸려 트란은 그 프로젝트를 개발하는 데 성공했다. 그는 자기 침실에서 이 프로젝트를 'iLearn.To'라고 이름 붙였다.

트란은 투자자들이 자신의 웹 사이트에 450만 달러를 투자하도록 설득했다. 그는 현재에도 백만장자가 되기 위해 노력하고 있다. 트란은 영국에 있는 베트남 사람들을 돕는 데 많은 시간을 할애하고 있다.

아이들과 인신매매

인신매매란 아이들을 다른 나라로 데려가 강제로 일을 시키거나, 다른 사람한테 팔아 버리는 것을 말해요. 아이들은 광산, 노동력 착취 공장 등으로 보내져요. 아이들에게 구걸과 종노릇을 시키고, 농장과 건설 현장 등에서 일을 시켜요. 매춘과 포르노그래피에 이용하려고 아이들을 인신매매하기도 해요. 아이들은 강제로 소년병이 되기도 하고, 지뢰 제거를 강요받기도 하지요.

> **노동력 착취 공장(Sweatshop)**
> 사람들이 나쁜 근로조건에서 저임금으로 장시간 일하는 작은 작업장. 흔히 의류 산업과 연관되어 있다.

이런 아이들은 거의 또는 아예 돈을 받지 못하고 일하고 있어요. 사실상 노예예요. 건강은 나빠지고, 혹사당해요. 인신매매꾼들은 고소득을 올려도 좀처럼 체포되는 법은 없어요. 인신매매꾼에게 속은 많은 부모들이 아이들을 잘 돌보는 사람에게 자기 자식들을 맡겼다고 생각하고 있거든요. 그 부모들은 아마도 자기 자식에게서 다시는 소식을 듣지 못하게 될 겁니다.

아이들의 피난

아이들은 위험에서 벗어나기 위해 난민이 됩니

다. 난민이 된 아이들은 부모가 정의롭지 못한 정부를 공개적으로 비판했기 때문에 표적이 되었거나, 가족이 박해받고 있는 민족이나 종교에 속해 있는지 모릅니다. 또한, 그 아이들은 전쟁으로 폐허가 된 나라에서 살고 있을지도 모르죠. 이따금 아이들은 위협을 받기도 합니다. 그들은 납치되어 강제로 아동 노동을 강요받을지도 모르고요. 가족들이 살해되는 것을 목격할지도 모릅니다. 그런 위험 때문에 부모들은 종종 자기 자식들을 먼저 안전한 곳으로 피신시키려고 노력합니다. 제2차 세계대전이 발발하기 직전에, 독일과 오스트리아의 유대인 부모들은 배와 기차로 아이들을 영국으로 실어 보내 자기 자식들을 구할 수 있었습니다.

아프가니스탄 아이들은 위험과 폭력을 피해 조국을 떠났다. 그리고 대다수가 파키스탄에서 이주자로 살고 있다.

아동의 권리

1989년 유엔아동권리협약은 아동의 권리를 공표했다. 아동의 권리에 따르면 국가는 아이들을 돌봐야 할 책임이 있다. 그리고 아이들도 난민이 될 수 있다. 하지만, 이런 사실을 아는 아이들은 많지 않다.

아이들이 부모와 함께 있든지 홀로 있든지 간에, 국가는 아이들에게 도움을 주고 아이들을 보호해야 한다. 그러나 정부마다 어린이 난민들에 대처하는 방법은 다르다. 나이 측정을 위해 아이들에게 엑스레이를 투시하여 결과에 따라 추방하기도 한다. 어떤 때에는 청소년 임시 수용소에 집어넣기도 한다.

11. 환경과 이주

매년, 수십만 명이 홍수, 가뭄, 지진, 산불 등과 같은 자연재해와 인재로 고통을 겪습니다. 앞으로 수년 안에 **지구 온난화**와 기후 변화 등의 환경 문제 때문에 다른 나라로 떠나는 사람이 더 많아질 것입니다.

환경 재앙을 당한 사람들은 집을 잃었더라도 자기 나라에서 계속 살아가죠. 그들 가운데 일부가 삶을 다시 꾸리기 위해서 다른 곳으로 떠납니다. 하지만, 그들은 난민으로 고려되지는 않습니다. 그러나 사람들은 그들이야말로 정말 도움이 필요하다고 주장합니다. 중요한 국제 난민 구호 기관인 유엔난민기구(UNHCR)는 수백만 명이 넘는 사람들을 먹여 살릴 충분한 기금이 없다고 말합니다. 그래서 사회 운동을 하는 사람들은 부유한 국가들이 그들을 더 많이 도와주어야 한다고 주장합니다. 왜냐하면, 지구 온난화를 불러온 주된

 지구 온난화(Global warming)
이산화탄소와 같은 온실가스의 증가로 지구 표면의 평균 온도가 상승하는 현상

이유가 선진국이 사용한 화석 연료 때문이라는 거죠.

물에 잠기는 섬

투발루는 태평양에 있는 9개의 산호초로 이루어진 아주 작은 나라입니다. 해발 3미터 높이밖에 안 되고 면적이 30헥타르(30㎢)인 한 산호초에 투발루 인구의 절반에 해당하는 약 6000명이 밀집하여 살고 있어요.

지구 온난화로 해수면이 상승하면서, 섬 주민들이 떠나고 있어요. 높은 파도는 수시로 투발루의 수도 푸나푸티에 홍수를 일으키죠. 섬 안에 구멍에서 바닷물이 스며 나오기도 합니다. 뉴질랜드는 환경 난민 중 일부를 받아들일 것입니다. 투발루 정부는 장기적인 관점에서, 투발루 인구 전체가 해외로 이주하는 것만이 유일한 해결책이라고 말합니다.

기근과 탄압에서 벗어나기

30만 명에 이르는 북한 사람이 중국과 몽골로 달아났어요. 그곳에서 정부 몰래 숨어서 살고 있어요. 아직도 북한 사람들은 기근과 탄압을 피해 북한에서 도망쳐 나오고 있어요. 북한의 국정 운영 실패와 자연재해는 6년 동안 식량

부족과 지독한 영양실조를 불러일으켰어요. 그래서 300만 명에 달하는 많은 사람이 죽었어요.

지독한 가뭄으로 흉년이 들었다. 국제 구호 단체의 도움이 없으면 굶주릴 수밖에 없다.

사막화와 대규모 이주

사막화는 사람들이 농사를 짓거나 농작물로 근근이 살아가는 건조한 지역에서 일어나고 있는 현상이에요. 그곳의 땅은 차츰차츰 거의 아무것도 자라지 않는 사막처럼 되어 가고 있지요. 몇몇 기관들은 앞으로 20년 안에 사하라 사막 남쪽에 사는 수백만 명의 아프리카인이 사막화된 지역을 떠날 것이라고 예상했습니다. 이미 많은 사람이 먹고 살 식량을 찾아 다른 곳

가뭄으로 메마른 땅

으로 이주했어요. 이런 사막화는 아프리카에만 국한된 일이 아니에요.

사막화가 일어나는 이유는 많아요. 빈곤은 사람들이 땅을 돌볼 수 없음을 의미해요. 농지에 물을 공급하는 관개 시설의 부족과 가뭄도 땅에 영향을 끼쳐요. 나무를 너무 많이 베고 가축을 놓아기르는 것도 또 다른 원인입니다. 인구 증가도 사막화를 더욱 빠르게 진행시켜요. 우리가 사막화에 적절하게 대응하지 않는다면, 사막화로부터 살아남으려고 이주하는 사람들이 더 늘어날 겁니다.

치명적인 환경

구소련 해체 후, 새로 독립한 국가들은 핵무기 개발에 따른 여러 가지 문제로 피해를 보았어요. 핵 실험 장소와 핵폐기물 처리 시설에서 방사능 물질이 방출되었어요. 이 때문에 여러 마을과 주요 도시가 최악의 오염으로 피해를 봤지요. 이 일로 적어도 70만 명의 사람들이 이주했어요. 여기에는 1986년 사상 최악의 원전 참사가 있었던 체르노빌 지역도 포함되어 있어요.

화산 폭발

1997년 11월 26일 이른 아침, 카리브 해의 몬트세라트 섬에서 화산이 분출했어요. 바위와 화산재가 인근 마을로 떨어졌지요. 거대한 화산재 구름이 태양을 완전히 가렸어요. 다행히 몇 달 전에, 수도 근처에 화산이 폭발해 사람들은 이미 섬의 남쪽으로 피신한 상태였어요.

약 1만 1000명의 사람들이 몬트세라트에 살았는데 1998년에 섬 인구의 절반 정도가 섬을 떠났습니다. 집은 없어졌고, 화산이 다시 폭발할까 봐 두려워 떠난 것이죠. 대부분의 사람들은 영국으로 갔는데, 이는 몬트세라트 섬이 영국의 보호령이었기 때문입니다.

1998년에 화산 폭발로 몬트세라트 섬은 황폐해졌다. 다행히도 지금은 많은 사람이 되돌아올 수 있게 되었다.

12. 이주에 관해 정부가 하는 일

전 세계적으로 사람들의 이동이 증가함에 따라, 각국 정부는 입국자의 수를 잘 관리해야 할 필요를 느꼈습니다. 몇몇 국가들은 국경을 넘는 사람의 수를 제한하고 있습니다. 인도주의 단체들은 그러한 제한 대신에 부유한 나라들이 공정무역이나 투자를 통해 이주민을 보내는 가난한 나라를 도와줘야 한다고 주장합니다.

정부는 항상 국경을 감시한다.

정부는 왜 이주를 통제할까?

- **자국의 경제를 위해** 대규모 인구 이동은 국가 경제에 부담을 줍니다. 이주를 잘 관리하는 것은 국가 경제에 이익이 될 수 있습니다.
- **안전을 위해** 테러리스트의 공격과 국제 범죄의 우려가 있습니다.
- **선거에서 표를 얻기 위해** 이주는 이제 뜨거운 정치적 쟁점이 되었습니다. 많은 나라에서 유권자들은 이주자들에게 수적으로 압도당할까 봐 걱정합니다. 미국에서 모든 불법 체류자들을 합법화시켜야 할지 말아야 할지에 대한 논쟁이 있었습니다. 일부 사람들은 합법화의 목적이 미국 내 멕시코인 공동체(community)로부터 표를 얻기 위한 것이라고 생각합니다.
- **극단주의 집단을 막기 위해** 만약 정부가 아무것도 하지 않는다면, 이주 반대 운동과 인종 차별주의 운동이 활기를 띨 것입니다.
- **국제적 의무를 이행하기 위해서** 유엔난민협약에 서명한 각국 정부들은 진짜 난민들에게 안전한 피난처를 제공하고 이주자들과 아이들의 권리를 존중할 의무가 있습니다.

불법 이주 막기

많은 나라에서 입국하는 사람의 수를 제한하려고 노력합니다. 그들은 불법 이주를 막기 위해 다음과 같은 방법을 사용합니다.

- 위조 공문서를 지닌 사람들을 비행기에 태워 실어 나른 항공사와 공항에 벌금을 물리고, 국경 통제를 강화하기
- 미등록 이주자들을 찾아내기 위해 경찰을 동원해 수색하기
- 미등록 이주자들을 가두거나 추방하기
- 신분 카드 제출하기
- 망명 신청자에 대한 국가 지원을 줄이기
- 서류 미비 이주노동자를 고용한 고용주들을 엄히 단속하기
- 밀입국 중개인과 인신매매 업자에게 무거운 형벌을 내리기
- 난민 캠프와 국경을 폐쇄하기

국경을 통과하는 밀입국자들을 찾기 위해 탐지견과 스캐너를 사용한다.

비판의 소리

국제이주기구(IOM) 같은 국제기구와 인도주의 단체들, 몇몇 경제학자들은 국가의 미등록 이주자 단속을 비판합니다. 그들은 이주와 망명이 정치적으로 지지를 얻기에 불리한 주제라서 정부의 규제가 강화되고 있지만, 현실적으로 이주노동자에 대한 수요가 있다고 말합니다. 또한, 이들은 여러 나라에서 이주자를 필요로 하고 있으며, 이주자들 덕분에 더욱 부유해진다고 말합니다.

합법적인 형식의 이주가 제한되면, 사람들은 밀입국에 의지하게 됩니다. 결국에는 밀입국을 단속하느라 망명 신청이 까다로워지고 진짜 난민들은 더 고통스럽게 됩니다. 이런 악순환 때문에 난민들은 유일한 탈출 수단으로 밀입국 중개인들에게 의지하는지도 모릅니다. 인도주의 단체들은 난민들의 망명 신청권을 지켜 주는 게 중요하다고 주장합니다. 이 단체들은 이주를 보낼 수

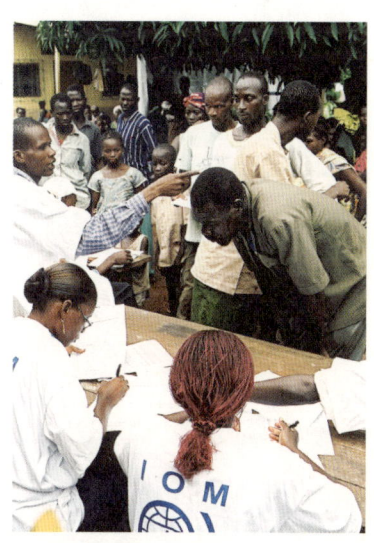

국제이주기구(IOM)는 전 세계 난민들을 위해 이주에 관련된 일들을 처리한다.

12. 이주에 관해 정부가 하는 일 **101**

밖에 없는 가난한 나라와 공정무역을 하고 그 나라에 투자하라고 충고합니다. 그래서 가난한 나라 사람들이 가난을 극복하고 자립할 수 있도록 도와야 한다고 합니다.

합법적인 이주 장려하기

때때로 정부는 이주를 장려하기도 합니다. 1950년대, 런던 교통국은 버스와 지하철에서 일할 직원을 서인도 제도에서 활발하게 모집했어요. 영구 이주를 장려하는 나라에는 미국, 오스트레일리아, 뉴질랜드, 이스라엘 등이 있습니다. 일본 또한 출산율이 낮고, 고령화되어서 이주 장려 정책의 도입을 검토하고 있어요. 2000년 이래로, 영국 정부 또한 숙련된 기술자들의 이주를 제한적으로 허용했습니다. 그리고 식품 가공업처럼 노동력이 부족한 곳에 수천 명의 미숙련 노동자들이 들어오는 것을 허용했어요.

국제적인 협력

이주를 관리하기 위해서, 각 나라의 정부는 협력해야만 합니다. 예를 들어, 유럽연합(EU) 회원국들은 이주 관련 정책을 협의하는 중이죠. 그래서 어떤 사람들이 유럽으로 들어오는지를 더 잘 감독하게 됩니다. 많은 나라가 이주자들을 보내는 나라에 직접적으로 원조를 제공해요. 몇몇 나라는 큰 재앙이 닥친 나라에 더 많

> **원조(Aid)** 정부와 구호 단체들이 어려움에 처한 나라에 성금을 보내거나 지원하는 것

은 도움을 주고 있어요. 대부분 분쟁과 기근으로 고생하는 곳에서 활동하며 난민들을 돕는 국제연합(UN)과 국제 구호 단체들을 지원합니다.

폐쇄된 난민 캠프, 상가트

프랑스 북부, 상가트 난민 캠프는 영

프랑스 북부, 상가트 난민 캠프에서 이주하려고 기다리고 있는 이주자들

12. 이주에 관해 정부가 하는 일

국으로 입국하려는 이주자들을 잡아 두는 곳으로 악명이 높았습니다. 캠프가 문을 열기 전에 난민들은 공원과 해변에서 노숙하고 있었죠. 난민 캠프는 1500명의 사람에게 기본적인 잠자리와 음식을 제공했습니다.

　하지만, 여러 가지 문제가 생겨났죠. 프랑스 가게 주인들은 마을에서 어슬렁거리는 난민들을 좋아할 리 없었습니다. 매일 밤, 캠프에서 생활하는 사람들은 영국과 프랑스를 잇는 도버 해협의 해저 터널로 들어가 영국으로 가려고 했죠. 화물 열차를 운영하는 회사는 터널 안에 숨어든 사람들 때문에 열차 운행이 지체되어 3개월마다 1500만 파운드를 손해 본다고 주장했습니다.

　철도 연결 운영자인 유로터널 회사는 프랑스 법정에 상가트 난민 캠프를 폐쇄해 달라고 요청했습니다. 그리고 영국의 한 신문사가 난민 캠프가 밀입국을 조장한다고 주장하는 캠페인을 벌였죠. 난민 캠프는 2002년에 폐쇄되었는데, 이는 난민 캠프 거주자의 절반을 영국이 받아들이겠다고 프랑스 정부와 합의했기 때문입니다. 나머지 반은 자발적으로 귀국하거나 추방당했죠. 그러나 캠프가 폐쇄되었어도 새로운 이주민들이 계속 몰려오고 있어요. 캠프를 닫는 것으로는 사람들의 이주를 막지 못해요.

이주를 막는 다양한 방법

- 보츠와나는 짐바브웨와의 국경에 528킬로미터 길이의 전기 철조망을 세웠다. 사람들이 국경을 넘는 것을 막기 위해서였다.
- 우즈베키스탄은 아프가니스탄으로 넘어가는 중요한 다리를 폐쇄했다.
- 9·11 테러 때문에 미국에서 살고 있는 아랍계 남성 수만 명은 확인된 서류를 갖고 있다고 이주 관리 당국에 보고해야만 했다. 그들은 이주국 센터에서 지문과 사진을 찍기 위해 기다란 줄을 섰다. 날짜가 지난 서류를 갖고 있거나 공문서가 없으면 구금되었다.
- 오스트레일리아 해군은 해안에 상륙하려는 난민들을 막으려고 난민 보트를 해상에서 붙잡았다. 오스트레일리아 정부는 망명 신청자들을 외진 곳에 있는 난민 캠프에 수용했다. 그 캠프의 환경은 매우 가혹했다.

13. 이주자들이 하는 일

이주자들은 대부분 더럽고, 어렵고, 위험한 일을 하게 됩니다. 일부 국가에서는, 이주자들이 똑같은 일을 하더라도, 그 나라 사람들보다 돈을 더 적게 받습니다. 미등록 이주자는 합법적인 이주자보다 더 쉽게 착취당합니다. 그래도 이주자 대부분은 고향에 있었을 때보다 더 많은 돈을 법니다.

저임금과 고용 불안정 이주자들은 그 지역 사람들이 꺼리는 일을 주로 합니다. 다음은 이주자들이 많이 일하는 분야입니다.

건설업 많은 이주자가 건설 현장에서 일합니다. 건설업은 경제 호황과 불황에 민감한 산업이죠. 이 업종은 쉽게 고용하고 해고할 수 있는 사람들을 필요로 합니다. 또한, 작업은 매우 어렵고 위험합니다. 그리고 단기간에 일이 끝나면 일자리를 잃을 수도 있습니다.

농업 농장에서는 수확물을 거둘 계절노동자들을 필요로 합니다. 대부분의 일은 손으로 직접 해야 하는 일이죠. 포장 공장에서의 일도 그렇습니다.

이주자들이 하는 일은 매우 위험하다.

개인 서비스업 간호와 아이 돌보기, 청소와 정원 가꾸기 등의 분야입니다.

공장 노동 합법적 이주자들은 정부가 철저하게 관리 감독하고, 노동 기준을 잘 지키는 공장에서 안전하게 일할 수 있습니다. 그러나 나머지 이주자들은 끔찍한 조건에서 장시간 노동해야만 하는 열악한 작업장에서 일하게 되죠.

한때, 이런 일들은 여성과 아이들이 주로 하던 일이었습니다. 그러나 선진국에서는 여성들도 교육을 많이 받았고, 이전보다 더 나은 일자리를 원하게 되었죠. 또한, 출산율 감소와 대학 진학률의 증가로 저임금을 받는 직장에서 일하려는 젊은이는 눈을 씻고 찾아봐도 없지요. 그래서 전통적으로 그 지역 사람들이 일했던 낮은 임금의 일자리를 이주노동자들이 채우고 있습니다.

농업 부문에서 많은 이주자가 일한다.

예를 들어, 1980년대 뉴욕의 택시 운전사들은 대부분 미국에서 태어난 사람들이었습니다. 하지만 지금 뉴욕 택시 운전사의 90% 이상이 외국에서 태어난 사람들입니다.

두뇌 유출

고등 교육을 받은 사람들과 전문직 종사자들도 국제 이주자가 됩니다. 10년 전에 비해서 그런 사람들이 더 많이 이주하고 있어요. 그들은 돈을 더 잘 벌 수 있고, 국제 경력을 쌓을 수 있는 도시와 산업의 중심지로 향해요. 약 7만 명의 아프리카인 전문직 종사자들과 대학 졸업자들이 매년 유럽과 북아메리카로 갑니다. 유럽의 과학자, 엔지니어, 컴퓨터 전문가들은 미국에서 살려고 떠

수천 명의 전문직 종사자들이 더 나은 급여, 경력, 노동 조건을 찾아서 매년 이주한다.

싱가포르의 이주자들

싱가포르는 외국인 노동자들에게 의존하는 대표적인 나라다. 1960년대 이래로 싱가포르는 노동력이 늘 부족했다. 1990년대에는 30만 명이 합법적으로 이주했다. 그들은 아래와 같다.

- 말레이시아인 18만 명 – 주로 공업과 어업에 종사한다.
- 태국인 5만 명 – 도로와 빌딩 건설을 한다.
 (그들 중 거의 절반은 합법적인 공문서를 갖고 있지 않다.)
- 필리핀인 여성 4만 명 – 대부분 가정에서 일한다.
- 방글라데시인과 다른 남아시아 국가의 사람들 2만 명 – 건설 현장에서 일한다.
- 전문직 종사자와 사업가들 1만 명

비록 이주자들이 경제에서 핵심적인 부분을 차지하더라도, 저임금 노동자들은 어려운 문제를 많이 겪는다. 그들은 열악한 조건 속에서 오랜 시간 일해 건강을 위협당하고, 영양 부족으로 고생한다. 그리고 이주자 대부분이 서류를 얻는 데 들였던 비용을 갚으려고 고군분투하고 있다. 특히, 서류 미비 이주노동자들은 생존하기에도 충분하지 않은 임금을 받고 있다.

납니다. 두뇌 유출이 나쁜 것만은 아닙니다. 이것은 교역을 촉진하니까요. 일부 전문직 종사자들은 수년 뒤에 더 많은 자격을 갖추고, 더 많은 경험을 쌓아서 고국으로 돌아옵니다.

영국에서 추수하기

10만 명이 넘는 사람들이 영국의 농장과 식품 통조림 산업에서 갱마스터(저임금으로 외국인 노동자를 고용한 사람)를 위해서 일합니다. 영국 정부는 이주자가 없으면 그 산업들이 붕괴된다는 것을 알고 있어요. 외국인 노동자의 출신국은 중국, 불가리아, 러시아, 리투아니아, 파키스탄, 포르투갈, 예멘, 그 밖의 다른 나라들입니다. 이들은 대부분 영국에 밀입국합니다. 영국에서 난민 신청자는 일하는 것이 허용되지 않습니다. 그런데도 난민 신청자 중 일부는 추수하는 일을 합니다. 난민 신청자와 미등록 이주자들은 최저 임금도 안 되는 돈을 받으면서 12시간마다 교대로 일을 합니다. 또한, 그들은 잘 곳이 없어서 비좁은 숙박 시설에라도 머물려고 갱마스터들에게 집세를 냅니다. 2004년 2월, 중국인 노동자 19명이 영국 모어캠 만에서 새조개를 채취하다가 물에 빠져 죽었습니다. 빠른 밀물에 휩쓸린 거죠. 그 중국인들은 갱마스터를 위해 일하고 있었습니다. 이들 갱마스터는 극도로 위험한 조건에서 외국인 노동자들에게 일을 시키고 있어요.

오스트레일리아의 가내 공업 노동자

트란과 람은 오스트레일리아에 사는 베트남 난민이다. 그들은 친구의 집에서 옷을 만드는 일을 한다. 트란과 람은 하루에 평균 12시간에서 14시간을 일한다. 그들의 네 아이들이 일을 돕는다. 막내가 옷을 접고 실을 자르고, 첫째 아이가 재봉틀로 바느질을 한다. 아이들은 밤에 약 3시간 정도 일하고, 주말에는 그보다 더 많이 일한다.

일을 준 납품 업자들은 항상 더 빨리 일을 끝내도록 재촉한다. 임금은 현금으로 받는다. 이 가족은 오랜 시간 일을 하지만, 겨우 입에 풀칠할 정도만 돈을 받는다.

적극적인 전문직 구인

국민에게 의료 서비스를 무료로 제공하는 영국 국가보건서비스(NHS)는 유럽에서 가장 큰 고용주 중 하나입니다. 영국은 의사, 간호사, 조산원들이 부족하여, 적극적으로 해외에서 보건직 종사자들을 모집하고 있어요. 외국인 의사와 간호사들의 입국은 영국의 보건 서비스에 도움이 됩니다. 그러나 송출국에는 이주 보건 노동자들이 본국을 빠져나가서 본국의 보건 수준을 떨어뜨리는 부작용이 있습니다. 그래서 영국 정부는 영국 국가보건서비스(NHS)가 개발도상국에서는 인원을 모집하지 못하게 하겠다고 발표했습니다.

경제에 도움이 될까?

이주자들은 일해서 번 돈을 고향에 보냅니다. 그리고 그들은 이주한 나라에서도 돈을 씁니다. 2001년, 미국에는 합법적 이주자 또는 서류 미비 이주노동자로 거주하는 2300만 명의 멕시코인들과 멕시코계 사람들이 있었습니다. 다음은 그들이 두 나라의 경제를 도운 방법입니다.

- 그들은 약 9억 달러를 멕시코에 보냈습니다.
- 이 액수는 그들의 소득에서 약 15%에 해당하는 것입니다.

대부분의 공공 기관들이 외국인 이주노동자들을 고용한다.

나머지는 자신들이 사는 지역에서 소비했습니다.
- 이것은 멕시코인 공동체가 1년에 거의 82억 달러를 미국 경제에 기여한다는 것을 의미합니다.

짐바브웨를 떠나는 전문가들

아벨은 짐바브웨의 수도인 하라레의 한 병원에서 막 의사 자격을 획득했다. 그는 일을 찾아서 오스트레일리아로 이주할 계획이다. 짐바브웨에는 생명을 살리는 데 필요한 장비와 의약품이 없다고 아벨은 말한다. 그리고 자신은 현대적인 환경에서 일하고 싶다고 한다. 또 가족을 부양할 수 있을 만큼 충분한 돈을 벌기를 원한다.

1980년 이래로 지금까지, 짐바브웨 대학교를 졸업한 의사, 간호사, 임상 치료사 중 80% 이상이 해외로 나갔다.

14. 이주자들의 귀환

20년 전, 국제 이주는 특정한 나라 사이에서만 있었습니다. 그리고 이주자 대부분은 이주한 나라에 영구적으로 정착했습니다. 1950년대에 일자리를 구하려고 북부 잉글랜드의 밀타운(the mill towns: 공장 도시)으로 떠났던 파키스탄 청년들은 영국에서 가정을 꾸렸습니다. 오늘날의 상황은 더 다양하고 복잡합니다. 사람들은 단기간 동안 일하려고 해외로 이주합니다. 어떤 사람들은 다른 나라에 갔다가 또 다른 나라로 이동합니다. 그들 중 일부는 출발했던 나라로 다시 돌아옵니다.

또 다른 사람들은 수

어떤 이주민들은 상황이 좋아지면 고향으로 돌아간다.

십 년을 해외에서 삽니다. 그리고 은퇴할 때 고국으로 돌아옵니다. 때때로 한 세대는 해외에서 영구 정착하지만 그들의 손자들은 조부모들의 나라로 다시 이주하기도 합니다.

코소보로 돌아가기

1999년, 조란은 코소보 사태를 피해 코소보를 도망쳐 나온 20만여 명의 세르비아인들과 로마인(집시)들 중 한 명이었다. 2003년에 조란은 처음으로 코소보로 돌아가려는 사람들 속에 끼어 있었다. 다른 사람들은 코소보에 있는 다수 민족인 알바니아인들을 두려워해서 돌아가지 않고 계속 머물렀다.

조란이 코소보로 다시 돌아왔을 때, 집의 문과 창문이 사라지고 없었다. 몇몇 세르비아인들도 나중에 돌아왔다. 마을 공동체의 인간관계는 좋았으나 세르비아인들은 가까운 이웃 동네에 가는 것을 불편하게 여겨 이웃 마을에 있는 보건 센터를 이용하지 않았다. 유엔난민기구(UNHCR)와 다른 기관들은 식량을 제공했고, 침대, 장작, 난로 등을 배달해 주었고, 집수리를 도와주었다.

귀환하는 난민

많은 난민은 자신의 나라가 안전해지면 집으로 돌아가기를 원합니다. 고향으로 돌아가는 데에도 경비가 많이 들 수 있고, 자기 집과 재산을 잃었다는 것을 발견할지도 모릅니다. 전부 새로 시작해야 할 수도 있습니다. 어떤 때는 막상 돌아가도 떠나기 전처럼 상황은 여전히 불안할 수도 있습니다. 2002년과 2003년에 난민 250만 명이 파키스탄과 이란에서 아프가니스탄으로 돌아갔습니다. 유엔난민기구(UNHCR)와 구호 기구들이 도왔죠. 아프리카 난민들은 전쟁으로 파괴된 자신의 나라로 돌아가는 데 도움을 받고 있습니다. 종종, 구호 기구들은 각국 정부와 긴밀하게 협조하여 난민들의 이동을 계획하고 일자리와 주택 공급 프로그램을 만들기도 합니다.

유엔난민기구(UNHCR)는 난민들이 고국으로 돌아가는 것을 돕는다.

새로운 나라, 새로운 고향

많은 사람들이 고국으로 돌아가지만, 어떤 사람들은 돌아가지 않습니다. 돌아가지 않은 사람들은 이주한 나라에서 정착하고, 일하고, 가족을 부양합니다. 그리고 어떤 사람들은 이주한 나라의 국적을 얻으려고 합니다. 이주한 나라의 국민이 된다는 것은, 선거에서 투표하고, 국민으로서 같은 권리를 누리며 의무를 진다는 것을 의미합니다. 귀화한 나라에서는 여권을 발급해 줍니다. 미국과 캐나다 같은 몇몇 나라에서는 장기 거주 이주자들에게 귀화 절차를 밟도록 장려합니다. 그러나 다른 여러 나라에서는 이주자가 그 나라의 국민이 되는 게 훨씬 어려울 수도 있습니다.

많은 이주자는 자기 나라로 돌아가서 박해, 전쟁, 기아의 공포 없이 평화롭게 살기를 원한다.

이주의 영향

역사를 통해 우리는 세상을 바꾼 이주자와 그의 후손들을 볼 수 있었다. 또한 난민이지만 유명한 인물들도 많다.

- 미국 역사상 최연소의 나이로 대통령이 된 존 피츠제럴드 케네디(JFK)는 증조부모가 아일랜드 사람이었다.
- 코카콜라의 전 CEO, 로베르토 고이주에타
- 초현실주의 화가, 살바도르 달리
- 팔레스타인의 작가이자 학자, 에드워드 사이드
- 정신분석학의 창시자, 지그문트 프로이트
- 피아노의 시인, 프레데릭 쇼팽
- 《레 미제라블》과 《노트르담의 꼽추》의 작가, 빅토르 위고(46쪽~48쪽 참고)

강제 귀환

전 세계적으로, 미등록 이주자들과 망명자들은 입국한 나라에서 추방되는 경우가 많습니다. 이런 상황은 난민 신청이 공식적으로 거부되었을 때, 망명자들에게 일어납니다. 또 위조 공문서를 갖고 있거나 입국 서류가 없기 때문에 국경에서 되돌려 보내집니다.

미등록 이주자(Illegal immigrant)
필요한 공식 서류를 갖추지 못한 채 다른 나라에 있는 사람

추방된 사람들은 다시 자기 나라로 돌려보내질 것입니다. 이것을 이른바 본국 송환이라고 합니다. 만약에 추방된 사람들이 자기 나라로 돌아가서 박해를 받을 상황이라면, 본국 송환은 심각한 결과를 가져올 겁니다.

예를 들면, 태국에서 서류 미비 이주노동자로 일하고 있는 수천 명의 버마(미얀마) 사람들이 다시 버마(미얀마)로 보내진다면, 그들은 처벌을 받고 강제 노동을 해야 할 것입니다.

정부의 통제가 강한 나라에서 온 망명자들이 본국으로 송환되는 경우가 증가하고 있습니다. 2002년, 독일과 다른 서유럽 국가들은 러시아 연방 체첸공화국의 상황이 개선되었다는 판단 하에 체첸인 망명자들을 추방했습니다. 인권 단체들은 체첸인들이 여전히 구금과 고문의 공포에 떨고 있다고 주장합니다.

한눈에 보는 이주의 역사

기원전 70만 년 초기 인류가 아프리카에서 유럽으로 이동하기 시작했다.
기원전 70만 년~기원전 80만 년
사람들은 유럽을 가로질러 이주를 계속했다.
기원전 3만 5000년~기원전 1만 년 새로운 인종인 호모 사피엔스(현생 인류)가 근동(아라비아 · 북동아프리카 · 서남아시아 · 발칸 등을 포함하는 지역)에서 유럽으로 들어왔다. 빙하가 녹자 그들은 남부 유럽과 중부 유럽에서 출발하여 북쪽으로 이동했다.
기원전 400년~기원후 500년 로마 제국이 광대한 유럽 영역을 차지했다. 기독교인들은 자신들을 박해하는 로마 제국을 떠나 난민이 되었다.
800년~1100년 바이킹(노르만족)은 스칸디나비아로부터 전 유럽으로 퍼져 나갔다. 일부 바이킹은 심지어 머나먼 북아메리카까지 갔다.
1492년 크리스토퍼 콜럼버스는 아메리카에 도달했다. 이것으로 아메리카가 유럽의 식민지가 되었고, 대규모 이주가 시작되었다.
1400년대 후기~1865년 약 1500만 명의 아프리카인들이 강제로 아메리카로 이송되었다. 아프리카인들은 노예 노동을 강요당했다. 총 2800만 명의 아프리카인들이 전 세계 이곳저곳으로 이주해 노예로 착취당했다.

1600년대 초기 많은 이주자들이 유럽에서 북아메리카로 건너갔다. 북아메리카까지 가는 항해는 6주에서 12주가 걸렸는데, 그동안 많은 사람이 병으로 죽었다.

1620년 메이플라워호가 영국 플리머스 항구를 출발해 대서양을 건너서 북아메리카 케이프코드 만에 도착했다. 이 배는 102명의 청교도를 실어 날랐다.

1600년대 후기~1800년대 수백만 명의 위그노(프랑스의 신교도)들이 프랑스에서 아메리카와 영국, 스위스, 독일, 덴마크, 네덜란드 등 유럽의 신교도 지역으로 도피했다. 위그노들은 1572년 위그노 대학살 뒤로는 여기저기로 피난했다.

1788년~1868년 약 16만 명의 죄수들이 영국과 아일랜드에서 오스트레일리아로 보내졌다.

1807년 영국에서 노예 무역이 금지되었다.

1820년~1924년 3500만에서 4000만 명 사이의 유럽인들이 아메리카로 이주했다. 노예 무역 폐지 후에 노동자들에 대한 수요가 증가하자 유럽인들은 아메리카로 갔다. 그들 또한 더 나은 생활 수준을 원했다.

1846년~1850년 아일랜드 감자 대기근은 100만 명의 목숨을 앗아갔다. 이 사건 때문에 200만 명에 이르는 사람들이 북아메리카,

잉글랜드, 웨일스, 스코틀랜드로 이주했다.

1861년~1865년 미국 남북 전쟁으로 미국에서 노예 제도가 폐지되었다.

1917년~1925년 약 150만 명의 사람들이 공산주의 탄압, 기아, 전쟁을 피해서 러시아를 떠났다.

1922년~1975년 영국, 프랑스, 네덜란드, 포르투갈, 독일, 이탈리아, 벨기에의 탈식민지 정책으로 식민지에서 모국으로 돌아가는 사람들의 이주가 생겨났다.

1930년~1942년 히틀러 집권의 결과로 독일이 점령한 나라에서 이주한 유대인은 30만 명이 넘었다.

1947년 영국 정부가 인도 대륙을 떠난 뒤, 인도와 파키스탄의 분리는 대규모 이주를 발생시켰다. 힌두교도, 기독교도, 이슬람교도, 시크교도들이 영국에 정착하려고 인도 대륙을 떠났다.

1948년 이스라엘이 건국되어서 이스라엘인과 아랍인 사이에 전쟁이 터졌다. 유대인들은 유럽 전역에서 이스라엘로 이주했다. 1966년까지 이스라엘에는 유대인이 260만 명이 있었고, 그에 비해 팔레스타인 사람들은 단지 30만 명만 있었다.

1948년 국제연합(UN) 총회는 세계 인권 선언을 채택하고 공포했다. 무엇보다도 이 선언에서는 누구나 위험을 피해서 자기 나라를 떠날 권리, 그리고 다른 나라에서 피난처를 구할 권리가 있다고 명시했다.

1951년 난민 지위에 관한 협약으로 난민을 보호하는 법들이 만들어졌다. 유엔난민기구(UNHCR)에 따르면 그 해에 전 세계적으로 100만 명의 난민 또는 강제 추방된 사람이 있었다.

1960년 이후 많은 이주노동자들이 가족들을 서구 국가로 불러서 정착했다. 여러 나라의 정부는 가족 재결합을 장려했다.

1980년 전 세계적으로 약 820만 명의 난민과 강제 추방된 사람들이 있었다.

1989년 베를린 장벽의 붕괴로 동유럽에서 독일로 약 21만 8000명의 사람들이 이주했다. 사실, 이 이주자 수는 예상한 것보다 많지 않았다.

1989년~1994년 구유고슬라비아연방에서 약 70만 명의 난민들이 서유럽으로 피난했다. 나머지 430만 명의 난민들과 강제 추방된 사람들은 유고연방의 해체로 생긴 국가에서 아직 살고 있다.

1991년 걸프 전쟁이 일어났다. 거의 200만 명의 사람들이 이라크에서 이웃 나라로 피란했다.

1995년 전 세계적으로 약 2600만 명의 난민과 강제 추방된 사람들이 있었다.

2002년 뉴욕과 워싱턴 DC에서 발생한 9·11 테러 때문에 통제 정책이 강화되었고 따라서 미국의 망명 난민 인정 건수는 72%나 감소했다.

2002년 중반~2003년 중반 150만 명 이상의 서아프리카인들이 전쟁 때문에 그들의 고향을 떠나야 했다.

2002년 1월~9월 사이, 주요 선진국 25개국에 총 32만 7142명의 망명 신청자가 있었다.

2003년 전 세계적으로 약 2000만 명의 난민과 강제 추방된 사람들이 있었다.

2003년 1월~9월 사이, 가장 큰 망명 집단은 러시아에서 온 사람들이었다. 그들 중 다수는 전투를 피해서 나온 체첸인이다. 두 번째로 큰 망명 신청자 집단은 이라크에서 온 사람들이었다.

이주 관련 단체

외국의 이주 관련 단체

국제이주기구(IOM, International Organization for Migration)
홈페이지 www.iom.int 한국어 홈페이지 http://www.iom.or.kr/
전자 우편 hq@iom.int

국제이주기구(IOM)는 이주 분야에서 선도적인 정부 간 기구다. 각국 정부와 정부 간 기구 및 비정부 기구(NGO)들과 함께 일하고 있다. 세계 100여 개국에 있는 사무소를 통해 회원국 정부와 이주민에게 다양한 서비스와 지원을 제공한다. 국제이주기구(IOM)는 이주에 관한 이해를 높이는 활동을 하고, 이주를 통한 사회 경제의 발전을 독려한다. 그리고 인간의 존엄성과 이주민들의 복지를 유지하려고 활동한다.

노동력 착취 공장 감시단(Sweatshop Watch)
홈페이지 www.sweatshopwatch.org
전자 우편 sweatinfo@sweatshopwatch.org

노동력 착취 공장 감시단은 30개가 넘는 조직과 수많은 개인의

연합체다. 노동력 착취 공장에서 벌어지는 착취 행위를 막기 위해 활동하는 단체다.

노예 제도 반대 국제기구(Anti-Slavery International)
홈페이지 www.antislavery.org 전자 우편 info@antislavery.org
노예 제도 반대 국제기구는 전 세계의 노예 제도를 없애기 위해 지역적, 국가적, 그리고 국제적 차원에서 노력하는 단체다.

유엔난민기구(UNHCR, United Nations High Commissioner for Refugees)
홈페이지 www.unhcr.ch 한국어 홈페이지 http://www.unhcr.or.kr/
전자 메일 hqpi00@unhcr.ch
유엔난민기구(UNHCR)는 국제연합(UN)의 산하 기구로 난민을 보호하고 난민 문제를 해결하기 위해 국제적인 조치를 주도하고 조정한다. 난민의 권리와 복지를 보호하며 난민의 자발적 본국 귀환, 현지 적응 혹은 제3국 재정착의 방법 등, 난민들이 안전한 피난처를 보장받을 수 있도록 돕고 있다. 유엔난민기구(UNHCR)는 난민 보호의 공로로 1954년, 1981년 두 차례 노벨 평화상을 받았다.

이주민과 난민을 위한 전국 네트워크(NNIRR, National Network for Immigrant and Refugee Rights)
홈페이지 www.nnirr.org 전자 우편 nnirr@nnirr.org
이주민과 난민을 위한 전국 네트워크는 이주민과 난민 그리고 다른 조직들로 이루어진 국가 기구다.

캐나다 난민 협회(Canadian Council for Refugees)
홈페이지 www.web.net/~ccr/   전자 우편 ccr@web.net
캐나다 난민 협회는 캐나다와 전 세계에 있는 난민들을 보호하고 그들의 권리를 지키는 활동을 하며 캐나다 내의 난민과 이주민들의 정착을 위해 노력하는 비영리 기구다.

휴먼 라이트 워치(HRW, Human Rights Watch)
홈페이지 www.hrw.org   전자 우편 hrwnyc@hrw.org
휴먼 라이트 워치는 전 세계 사람들의 인권을 보호한다. 그들은 인권 침해 사례를 조사해서 널리 알리고 인권 침해자들을 잡아서 책임을 묻는다. 그들은 폭력적인 관행을 끝내려고 정부와 권력을 가진 사람들에 대항한다. 그리고 국제 인권 법률을 존중한다.

한국의 이주 관련 단체

난민인권센터(난센: NANCEN)
홈페이지 www.nancen.org 이메일 refucenter@gmail.com

난민인권센터는 억압과 박해의 벽을 넘어 한국으로 찾아온 난민들이 한국에서 다시 차별과 배제의 벽 앞에 절망하지 않고 꿈과 희망을 향해 용기 있게 나갈 수 있도록 돕는 비정부 기구(NGO)다. 난민에 대한 사회적 인식과 함께 법과 제도의 개선을 촉구하는 운동을 한다. 또한, 난민들이 한국 사회에서 인간답고 기본적인 생활을 영위할 수 있도록 돕는 것을 목표로 활발히 활동하고 있다.

서울·경기·인천 이주노동자 노동조합
홈페이지 migrant.nodong.net 전자 우편 migrant@jinbo.net

서울, 경기, 인천 지역의 이주노동자들이 모여서, 이주노동자들의 노동권과 인권을 스스로 지키기 위해 만든 이주노동자 노동조합(이주 노조)이다. 2005년에 설립하였으나 한국 정부가 이를 인정하지 않아 현재 법원의 판단을 기다리는 중이다. 국제노동기구(ILO)는 이주 노조를 인정하라고 한국 정부에 권고한 바 있다.

아시아의 친구들

홈페이지 www.foa2002.or.kr 전자 우편 foa2002@empal.com

다양한 이주민들의 인권과 평화를 위해 활동하는 단체로 2002년에 설립되었다. 이주노동자들의 인권 실태를 조사하고, 청소년들을 위한 국제 이해, 시민 교육, 인권 교육 프로그램을 개발하여 운영하고 있다. 국적, 성별, 종교, 나이를 뛰어넘는 인권 평화 운동을 적극적으로 실천하고 있다.

외국인이주 · 노동운동협의회(외노협)

홈페이지 www.jcmk.org 전화 02-312-1686

1995년에 창립하여 전국의 39개 이주민 관련 단체들로 구성된 협의체다. '외국인이주노동자대책협의회'라는 이름으로 오랫동안 활동해 왔다. 서울에 사무국을 두고 이주민과 관련한 인권 감시, 제도 개선, 교육 등의 활동을 하고 있다.

이주노동자의 방송(MWTV)

홈페이지 www.mwtv.kr 전자 우편 mwtv@hanmail.net

이주노동자들이 한국 사회에서 직접 소통하고 자신들의 목소리를 내려고 주체적으로 만든 단체다. 방글라데시, 네팔, 버마(미얀마), 몽골, 중국, 인도네시아, 필리핀, 러시아, 베트남 등지에서 온 이주노동자들과 한국인들이 뜻을 모아 운영하고 있다. 이주노동자의 인권 문제를 알리고 이주노동자의 알 권리를 지키기 위해 다양한 방송 프로그램을 직접 제작하고 있다. 또한, 이주노동자 미디어 교육, 이주노동자 영화제 등의 문화 예술 활동을 통해 다양한 문화가 함께 성장하고 존중받는 성숙한 사회를 위해 노력하고 있다.

이주민과 함께
홈페이지 http://fwr.jinbo.net 이메일 noja@paran.net
1996년 부산에서 '외국인 노동자 인권을 위한 모임'으로 시작하였다. 노동 상담, 한국어 교실 등 이주노동자들의 인권을 위한 활동뿐만 아니라 이주 여성들의 인권을 위한 활동 그리고 아시아의 평화, 이주 정책의 연구 등 다양한 활동을 하고 있다. 격주로 다국어 뉴스레터도 발행하고 있다.

한국이주노동자인권센터
홈페이지 www.migrant114.org 이메일 migrant114@migrant114.org
한국이주노동자인권센터는 종교, 민족, 국적을 불문하고 한국에서 일하고 있는 이주노동자들이 평등한 노동의 권리와 인간다운 삶을 누릴 수 있도록 지원하는 단체다. 여러 나라 민중의 국제 연대로 세계 평화를 도모하는 것을 목적으로 2001년부터 인천 지역에서 활동하고 있다.

한국이주여성인권센터

홈페이지 www.wmigrant.org 전자 우편 wmigrant@yahoo.co.kr

한국이주여성인권센터는 한국에 거주하고 있는 이주 여성의 인권과 복지를 위해서 활동하고 있는 비영리 민간단체다. 생명, 평등, 평화를 목적으로 외국인 이주 여성의 인권 보호와 권익 신장을 위해 활동하고 있다. 모성 보호와 육아 지원, 이주 여성을 위한 교육과 문화 활동을 통해 이주 여성이 한국 사회에 잘 적응할 수 있도록 돕고 있다.

찾아보기

ㄱ
강제 이주　　　　　　　　　　39
경제　27, 30, 71, 73, 83, 84, 99, 106,
　　　　　　　　　　　109, 112
경제적 이주　　　　　　　19, 20
고용　　　　　100, 106, 110, 112
교육　　　　　　27, 67, 107, 108
국제기구　　　　21, 40, 54, 101

ㄴ
나치　　　　　　　　　48, 76, 77
난민 캠프　　59~65, 81, 85, 89, 100,
　　　　　　　　　　　103~105
노예 무역　　　　　　　　　121

ㄷ
달라이 라마　　　　　　　47, 48
대학살　　　　　　　　　68, 69
독일　24, 42, 44, 91, 119, 121~123
독재　　　　　　　　23, 43, 71

동티모르　　　　　　　　57, 74

ㄹ
라이베리아　　　　　43, 49, 56
러시아　51, 57, 67, 68, 110, 119, 122, 124
로버트 무가베　　　　　　　72
르완다　　　　　　57, 62, 65, 69

ㅁ
망명　14, 17, 19, 21, 39, 44~50, 54, 64,
　　　71~74, 76, 80, 88, 100, 101, 118,
　　　　　　　　　　119, 123, 124
매들린 올브라이트　　　　75, 76
멕시코　　　25, 53, 67, 99, 112, 113
몬트세라트　　　　　　　　97
미국　　23~25, 38, 42, 44, 47~49, 53,
　　　56, 67, 75, 76, 79, 99, 102, 105, 108,
　　　　　　　112, 113, 117, 122, 123
미등록 이주자　19, 20, 100, 106, 118
미리암 마케바　　　　　　46, 47
민족　　　39, 66~70, 78, 91, 115
민주주의　　　　　　　　58, 71
밀입국　15, 35, 36, 50~54, 85, 100, 101

ㅂ
박해　17, 21, 40, 68, 70, 72, 79, 81, 84,

	87, 91, 117, 119
버마(미얀마)	24, 57, 68, 81, 119
범죄	31, 35, 64, 99
베트남	67, 78, 89, 111
보스니아 헤르체고비나	56, 70
보츠와나	105
본국 송환	119
부룬디	57, 62
부탄	69
북한	94

ㅅ

사담 후세인	44, 70
사막화	95, 96
서류	20, 34~36, 51, 105, 109, 112, 118
소년병	63
시에라리온	56, 63
싱가포르	27, 59, 89, 109

ㅇ

아널드 슈워제네거	75, 76
아동 이주자	88
아르메니아	42, 56, 61
아제르바이잔	57, 61
아프가니스탄	25, 41, 54, 57, 59, 60, 67, 79, 91, 105, 116

에드워드 사이드	48, 118
여성 이주자	82
영국	38, 44, 51, 54, 56, 66, 67, 76, 86, 89, 91, 97, 102, 104, 110~112, 114, 121, 122
오스트레일리아	23, 57, 67, 85, 102, 105, 111, 113, 121
우즈베키스탄	57, 105
유대인	48, 77, 91, 122
유럽	18, 23, 28, 37, 44, 59, 67, 69, 73, 88, 102, 108, 111, 120~123
이라크	40, 44, 57, 70, 123, 124
이란	27, 41, 42, 44, 49, 54, 57, 67, 79, 116
이스라엘	41, 48, 57, 77, 102, 122
인구 증가	22, 26, 96
인권	40, 45, 49, 47, 55, 67, 78, 79, 85, 122
인도	25, 27, 38, 48, 57, 67, 78, 79, 122
인종	39, 46, 66, 67, 68, 70, 99, 120
인종주의	31, 68, 69

ㅈ

자발적 이주	7, 11
전쟁	7, 11, 13, 14, 17, 21, 26, 32, 40~42, 44, 45, 55~59, 64, 65, 84,

정부　　7, 11, 17, 26, 30, 31, 38, 40~43,
　　　　45, 46, 50, 53, 59, 65, 69, 71~74,
　　　　78, 80, 81, 83~85, 88, 91, 92, 94,
　　　　95, 98, 99, 101, 102, 105, 107, 110,
　　　　111, 119
정치　　17, 19, 21, 39, 41, 43, 44, 47, 49,
　　　　66, 71~75, 79, 84, 99, 101
종교　　　　　　　　　39, 77~79, 81, 91
중국　　27, 37, 42, 47, 51, 67, 73, 95, 110
짐바브웨　　　　　　　57, 67, 72, 105, 113
제네바 협정　　　　　　　　　　　　40, 65

ㅊ

체첸공화국　　　　　　　　　　　　　119
추방　　25, 69, 85, 92, 100, 104, 118, 119

ㅋ

캐나다　　　　　　　　24, 25, 44, 67, 88, 117
코소보　　　　　　　　　　　　　68, 85, 115
콩고민주공화국　　　　　　　　42, 43, 57, 62

ㅌ

탄자니아　　　　　　　　　　　　　　42, 62
투발루　　　　　　　　　　　　　　　　94
티베트　　　　　　　　　　　　　　　47, 48

ㅍ

파키스탄　　41, 42, 57, 60, 67, 79, 91, 110,
　　　　　　　　　　　　　　　　114, 116
팔레스타인　　　　　　　　　　41, 48, 118
피난　　　　　　　　　　　　　　　76, 84
피난처　　21, 39~41, 59, 62, 78, 90, 99
피란　　　　　55, 58, 59, 62, 65, 79, 80
피란민　　　　　　　　　　　　　　58, 65

ㅎ

환경 문제　　　　　　　　　　　26, 32, 93

91, 116, 117

내인생의책은 한 권의 책을 만들 때마다
우리 아이들이 나중에 자라 이 책이 '내 인생의 책'이라고
말할 수 있는 책을 만들고자 합니다.

세상에 대하여 우리가 더 잘 알아야 할 교양

④ 이주 왜 고국을 떠날까

루스 윌슨 **지음** | 전국사회교사모임 **옮김** | 설동훈 **감수**

초판 발행일 2010년 8월 20일 | **제5쇄 발행일** 2025년 6월 1일
펴낸이 조기룡 | **펴낸곳** 내인생의책 | **등록번호** 제10-2315호
주소 서울시 서초구 서운로6길 21-7 101-1호
전화 02)335-0449 | **팩스** 02)6499-1165
전자우편 bookinmylife@naver.com | **홈 카페** http://cafe.naver.com/thebookinmylife
편집장 이은아 | **편집1팀** 신인수, 조정우, 이다겸, 김예지 | **편집2팀** 강성구
디자인 안나영 김지혜 | **경영지원** 김지연 김정삼

Immigration

ⓒ Aladdin Books 2010
An Aladdin Book
Designed and produced by Aladdin Books Ltd
14 Deodar Road London SW15 2NN
All rights reserved

No Parts of this book may be used or reproduced in any manner
whatever without written permission, except in the case of brief quotations embodied
in critical articles or reviews.

Korean Translation Copyright ⓒ 2010 by TheBookinmylife
Published by arrangement with Aladdin Books
through BC Agency, Seoul

이 책의 한국어판 저작권은 BC 에이전시를 통한
저작권자와 독점 계약으로 **내인생의책**에 있습니다.
신 저작권법에 의해 한국 내에서 보호를 받는 저작물이므로 무단전재와 무단복제를 금합니다.

ISBN 978-89-91813-50-2 73330
ISBN 979-11-57236-45-9 (세트)

* 책값은 뒤표지에 있습니다.
* 잘못된 책은 구입처에서 바꾸어 드립니다.

이 도서의 국립중앙도서관 출판시도서목록(CIP)은
e-CIP홈페이지(http://www.nl.go.kr/ecip)에서 이용하실 수 있습니다.
(CIP제어번호:CIP2010002787)

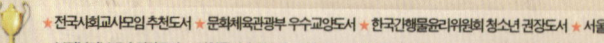

디베이트 월드 이슈 시리즈 세더잘

세상에 대하여 우리가 더 잘 알아야 할 교양

편견과 선입견에 싸인 지식은 NO!
우리 아이들에게 세상을 보는 공정하고 객관적인 눈을 길러 주는 책

아드리안 쿠퍼 외 글 | 전국사회교사모임 외 옮김 | 박창순 외 감수 | 각 권 92~136쪽 | 각 권 12,000원

① 공정무역, 왜 필요할까? ② 테러, 왜 일어날까? ③ 중국, 초강대국이 될까? ④ 이주, 왜 고국을 떠날까? ⑤ 비만, 왜 사회문제가 될까? ⑥ 자본주의, 왜 변할까? ⑦ 에너지 위기, 어디까지 왔나? ⑧ 미디어의 힘, 견제해야 할까? ⑨ 자연재해, 인간과 자연이 공존하는 길은? ⑩ 성형 수술, 외모지상주의의 끝은? ⑪ 사형제도, 과연 필요한가? ⑫ 군사개입, 과연 최선인가? ⑬ 동물실험, 왜 논란이 될까? ⑭ 관광산업, 지속 가능할까? ⑮ 인권, 인간은 어떤 권리를 가질까? ⑯ 소셜네트워크, 어떻게 바라볼까?

* 디베이트 월드 이슈 시리즈 세더잘은 계속 출간됩니다

청소년을 위한 세계경제원론

이론과 현실을 조화롭게 아우른 생생한 세계경제원론서!

풍부한 사례와 연구 결과를 토대로 한 쉬운 설명과 경제 전문 기자의 번역, 경제·경영교수의 감수를 통해 우리 청소년들이 경제를 바로 알고, 경제 문제에 현명하게 대처해 나갈 수 있도록 도와줍니다.

01 경제학 입문 **02** 금융 시장
03 경제 주기 **04** 세계화의 두 얼굴

바바라 고트프리트 홀랜더 외 글 | 김시래, 유영채 옮김 | 이지만 감수
각 권 84~104쪽 | 각 권 10,000~12,000원